ELIZABETH FOLEY • BETH COATES

YOU GODDESS!

ELIZABETH FOLEY • BETH COATES

YOU GODDESS!

Life Lessons
von den
coolsten Göttinnen
der Geschichte

Aus dem Englischen
von Katy Albrecht

Mit Illustrationen
von Georgia Perry

LUDWIG

Die Originalausgabe erschien 2020 unter dem Titel
You Goddess! bei Faber & Faber Limited.

FSC
www.fsc.org
MIX
Papier | Fördert gute Waldnutzung
FSC® C014496

Penguin Random House Verlagsgruppe FSC® N001967

1. Auflage 2025

in der Penguin Random House Verlagsgruppe GmbH,
Neumarkter Straße 28, 81673 München
produktsicherheit@penguinrandomhouse.de
(Vorstehende Angaben sind zugleich
Pflichtinformationen nach GPSR.)
www.ludwig-verlag.de

Übersetzung: Katy Albrecht
Redaktion: Sophie Dahmen
Umschlaggestaltung: Eisele Grafik-Design, München
unter Verwendung eines Motivs von Georgia Perry
Satz: satz-bau Leingärtner, Nabburg
Druck und Bindung: GGP Media GmbH, Pößneck
Printed in Germany
ISBN 978-3-453-28185-1

Für Laura, die so weise ist wie Athene,
so ehrgeizig wie Inanna
und uns zum Lachen bringt wie Uzume

INHALT

VORWORT

Woran denken wir als Erstes bei dem Wort »Göttin«? Himmlische weibliche Energie? Mutter Erde? Frauen in weißen, wallenden Gewändern im antiken Griechenland, die jede Menge Unheil stiften? Hollywoodstars? Küchengöttin oder Sexgöttin? Oder vielleicht Anastasia Steeles überschwängliche »innere Göttin«, die vor Aufregung über ihre erotischen Eskapaden in *Fifty Shades of Grey* gerne mal Salsa und Poledance tanzt? (Jede wie sie mag.)

Im Wörterbuch stehen zwei Definitionen von »Göttin«. Demnach ist eine Göttin in erster Bedeutung eine weibliche Gottheit, in zweiter aber eine Frau, die geradezu übermächtig attraktiv und schön ist. Alles, was wir im weiteren Sinne mit dem Wort Göttin assoziieren, klingt einerseits nach sehr viel Spaß (Schön sein! Unwiderstehlich sein! Sich überall einmischen!), beinhaltet aber auch ein paar heikle Rückschlüsse darauf, was gemäß unserer Kultur die formvollendeten Eigenschaften einer Frau sind (Schön sein! Unwiderstehlich sein! Sich überall einmischen!).

Die Göttinnengeschichten in diesem Buch spiegeln Erwartungen wider, die uns als Frauen einerseits hemmen, liefern uns aber andererseits auch zeitlose Beispiele dafür, wie wir das Beste aus unserem Leben herausholen können.

Wir haben auf diesen Seiten beeindruckende und inspirierende Beispiele weiblicher Höchstleistungen versammelt, und zwar von Göttinnen aus allen Ecken der Welt. Wir reisen mit ihnen aus dem antiken Griechenland nach Japan, von Skandinavien nach Amerika, von Polynesien in den Nahen Osten und nehmen von überall ein bisschen mythischen Zauber mit in unseren Alltag.

Mythen gibt es, seit es Menschen gibt. Schon immer haben wir Geschichten über magische Wesen, besondere Heldentaten und legendäre Fehlschläge gebraucht, um unseren eigenen Platz in dieser Welt zu finden, die uns allzu oft furchteinflößend und widersinnig erscheint. Damals, als jene Religionen entstanden, die unseren Vorfahren Halt gaben, war das Leben sehr viel härter als heute. Aber trotz all der Annehmlichkeiten, die uns heute zur Verfügung stehen, und trotz all der wissenschaftlichen Errungenschaften, die an die Stelle von Legenden getreten sind, suchen wir noch immer nach unserem Platz in dieser Welt. Und die großen Fragen sind noch immer da: Wer bin ich? Was mache ich hier? Wie kann ich ein guter Mensch werden? Warum bin ich geradezu süchtig nach meinem Handy? Kann ich Stiefel zum Midi-Rock tragen? Und wie genau mache ich das jetzt mit dem Contouring?

Millionen von Menschen finden die Antworten (auf zumindest einige dieser Fragen) in ihrem Glauben. Oftmals ist es allerdings so, dass sie die Lehren ihres eigenen Glaubens als Tatsachen betrachten, während sie Erzählungen anderer Religionen für bloße Mythen halten. Der Begriff »Mythos« klingt aber immer auch ein bisschen nach Fiktion und Schummelei. Wie schon der ebenso gefeierte wie umstrittene Mythologie-Forscher Robert Graves sagte: »Mythologie ist die Lehre von all jenen religiösen Legenden und Heldengeschichten, die den Studenten so dermaßen fremd sind, dass sie ihnen nicht als wahr erscheinen.«

In zahlreichen Religionen, die auch heute noch große Anhängerschaften haben, wie etwa im Hinduismus und Shintoismus, gibt es weibliche Gottheiten – aber auch in Religionen, an die heute kaum noch jemand glaubt, wie etwa in der griechisch-römischen und der keltischen Sagenwelt. Bei den größten Weltreligionen unserer Zeit aber steht immer eine männliche Gottheit im Zentrum, obwohl es überall auch wichtige Frauenfiguren gibt. Die einzig aktuelle Glaubensgemeinschaft der westlichen Welt, die eine alles überragende weibliche Gottheit verehrt, ist übrigens Wicca.

Das, was eine Göttin ausmacht, fassen wir in diesem Buch ein bisschen weiter und beurteilen keine danach, ob ihre Heldinnentaten wahr sind oder nicht. Wir möchten alle Erzählungen aus respektvoll-säkularer Perspektive betrachten, denn viele der hier erzählten Geschichten sind bestimmten Glaubensgemeinschaften wichtig und heilig. Wir haben uns bemüht, beim Schreiben respektvoll und achtsam zu bleiben, und sind uns bewusst, dass unsere Position ziemlich heikel ist. Erstens, weil wir vielen Kulturen in diesem Buch gegenüber nur Außenstehende sind, und zweitens, weil uns die lange Historie mit Krieg und Ausbeutung sowie kultureller Überheblichkeit und Aneignung vor Augen steht, derer sich weiße Europäer über die Jahrhunderte schuldig gemacht haben. Wir sind uns auch im Klaren darüber, dass es nicht einfach wird, unseren eigenen kulturellen Ballast abzuwerfen, wenn wir diese Themen angehen. – Und dass wir nicht alles genauso verstehen können wie eingeweihte Gläubige. Wir treten in diesem Buch allen Überlieferungen mit offener Neugier gegenüber und betrachten es als Privileg, sehr viel über jene Mythen gelernt zu haben, mit denen wir noch nicht vertraut waren, als wir mit den Recherchen anfingen. Uns sind die Augen für zahlreiche uns bislang unbekannte Geschichten und Vorstellungen geöffnet worden. Es gibt so viel mehr facettenreiche Mythen über Göttinnen als die griechisch-römischen, von denen wir in der Schule gehört haben. Wir hoffen, dass YOU GODDESS! euch ein paar neue Gottheiten vorstellen kann und euch dazu inspiriert, mehr über die Geschichte, Kulturen und Religionen zu erfahren, denen sie entspringen. Das Schönste am Schreiben dieses Buches aber war die Lernerfahrung, die wir machen durften, und wir wissen auch, dass wir längst nicht ausgelernt haben.

Eines aber ist überall auf der Welt dasselbe – bis in antike Zeiten zurück: Echte Frauen bekommen kaum Aufmerksamkeit. Allen Bemühungen feministischer Archäolog*innen des 20. Jahrhunderts zum Trotz stellen wir fest, dass es in der Geschichte nie ein Goldenes Zeitalter gab, in dem Frauen politisch das Zepter in der Hand hielten.* Es war irgendwie schon immer eine Männerwelt und Dank der allgemeinen Verbreitung des Patriarchats beschäftigen sich die meisten Mythen auch mit den Heldentaten von Männern. Jedoch gab es in allen Kulturen einen besonderen Ort, an dem Frauen respektiert wurden, einen gleichberechtigten Platz neben ihren männlichen Kollegen einnehmen durften und die gleiche Arbeit für (manchmal) gleichen Lohn verrichteten: die himmlischen Gefilde von Folklore und Mythos. Zugegeben, um für einen Job dort geeignet zu sein, mussten Frauen übermenschlich sein, aber trotzdem können wir von den hohen Anforderungen, die an Gottheiten gestellt wurden, etwas lernen.

Wir haben uns jede Göttin in diesem Buch genau angesehen, um eine besondere Charakteristik zutage zu fördern oder bei ihr etwas zu finden, das uns heute hilft, persönlichen Erfolg, mentale Gesundheit und Selbstvertrauen zu finden. Wir haben uns Gedanken über die Ängste gemacht, die viele Frauen des 21. Jahrhunderts immer wieder haben, und diejenigen Unsterblichen gefunden, von denen wir am besten lernen können, diese Ängste im Zaum zu halten. Zu diesem Zweck müssen wir weder Mantras chanten noch das Haar umkränzen oder barfuß im Nachttau tanzen, so verlockend das auch klingen mag. Tatsächlich werden wir uns mit den speziellen Heldinnentaten dieser Göttinnen beschäftigen, den Herausforderungen, vor denen sie standen, ihren übernatürlichen Kräften und damit, wie sich ihre Geschichten im Laufe der Zeit verändert haben. Wir schauen uns an, wie wir Ängsten entgegentreten, unsere Freiheit behaupten,

* Zahlreiche archäologischen Funde von Statuen hübscher, vollbusiger weiblicher Figurinen, wie etwa die fast 30 000 Jahre alte Venus von Willendorf, haben dazu geführt, dass viele Leute glaubten, in prähistorischer Zeit sei die Verehrung von Mutter-Gottheiten weitverbreitet gewesen, und folgerten, dass die Gesellschaft damals von Frauen angeführt worden sei. Leider wurde diese Theorie in den meisten modernen wissenschaftlichen Analysen widerlegt, da die Beweise nicht ausreichten.

unseren Ruf verteidigen, unsere Körper lieben, andere Frauen unterstützen, Nein sagen, Selfcare zur Priorität machen, unser Glück selbst in die Hand nehmen können und vieles, vieles mehr.

Die Geschichten, die wie gefunden haben, waren einst die Spielwiese reisender männlicher Dichter, Schriftgelehrter und Schriftsteller. Als Leserinnen des 21. Jahrhunderts betrachten wir diese Sagen in einem anderen Licht. Dem Publikum im 11. Jahrhundert wird die Geschichte der blumengeborenen Sagengestalt Blodeuwedd aus Wales als Warnung vor der typisch weiblichen Schlampenhaftigkeit erschienen sein, wir dagegen lesen sie heute als Geschichte zupackender weiblicher Emanzipation. Es gibt noch mehr Göttinnen-Erzählungen, deren Neuinterpretationen uns überraschende Lehren bieten. Die Art und Weise, wie unsere himmlischen Schwestern über die Jahrhunderte hinweg immer wieder neu erfunden wurden, sagt eine Menge darüber aus, wie sich auch die Ansprüche an Weiblichkeit und Frausein verändert haben. Nicht selten gibt es verschiedene Versionen eines Göttinnen-Mythos, deshalb haben wir uns entweder für die bekannteste oder die unserer Meinung nach erhellendste entschieden. Wir haben uns diese Darstellungen aus der Sicht heutiger moderner Frauen angesehen und überraschende Verbindungen zu unseren Schwestern in anderen Zeiten und auf anderen Kontinenten gefunden. Für den Fall, dass Ihr weitere Fachmeinungen und wissenschaftliche Untersuchungen zu einigen Themen im Buch erkunden möchtet, gibt es im Anhang ein Quellenverzeichnis.

Mit den Göttinnen hier im Buch können wir weibliche Stereotype* infrage stellen, die seit dem Altertum bestehen und bis heute überdauert haben: Wir werden uns die Amazone und die »starke Frau« ansehen, die

* Für den Fall, dass Ihr mit den Typen durcheinanderkommt: Ein Stereotyp ist ein allgemein verwendetes, aber sehr vereinfachtes Bild eines bestimmten Personentypus; ein Archetyp ist ein universell anerkanntes kulturelles Symbol, ein Haplotyp ist ein Allelen-Satz unterschiedlicher Gene, die auf einem Chromosom eng verbunden sind – und hat mit diesem Buch überhaupt nichts zu tun.

nährende Mutter, die weise oder böse Hexe, die eingebildete Zicke, die Verführerin, die unschuldige Jungfrau in Nöten und die manisch-koboldhafte Traumfrau. In den Medien wird ständig gefragt, was Frauen erreichen können: Können Frauen komisch sein? Können sie Führungsrollen übernehmen? Können sie in Tech-Berufen erfolgreich sein? Ist es okay, wenn sie häufig die Partner*in wechseln? Ist es okay, wenn sie keine Kinder wollen? Was, wenn sie Kinder *und* Karriere wollen? Halleluja! Und wie bitte soll das gehen? Können sie älter werden und trotzdem attraktiv und nützlich bleiben? Können sie sich nicht einfach mal nur *entspannen*? WTF!

Schließlich gibt es da noch einen anderen Aspekt des Göttinnen-Daseins: Mächtige Frauen sind gefährlich. Sie sind so nervtötend, dass sie in vielen Mythen für Tod und Zerstörung zuständig sind. Wir müssen uns nur Kali*, Hel** oder Tiamat*** ansehen, damit die Botschaft ankommt, dass Göttinnen verdammt furchteinflößend sein können. Mal sehen, was wir daraus und aus den positiveren Aspekten unserer Göttinnen lernen können. Egal, ob Ihr YOU GODDESS! durchblättert und euch hier und da etwas herauspickt oder ob Ihr es von vorne bis hinten durchlest, wir hoffen, dass Ihr es auch als Fest weiblicher Stärke in jeglicher Form empfindet. Es ist ein Superheldinnen-Superboost, den Ihr hoffentlich mit euren Freundinnen, Schwestern, Müttern und Töchtern teilt, einfach mit allen Göttinnen in eurem Leben.

* Hindu-Göttin des Todes und der Zeit, üblicherweise mit vier Armen dargestellt, um damit ein Schwert, einen Dreizack, einen abgetrennten Kopf und eine Schale zu halten, in der das Blut aufgefangen wird (gibt Hausfrauen-Göttin-Punkte). Siehe Seiten 111–116.

** Nordische Göttin der Unterwelt. Besonders stylisch verkörpert von Cate Blanchett in *Thor: Ragnarok*.

*** Babylonische Göttin der Meere und des Chaos, häufig als wilder Drache dargestellt, wie in der 1980er-Kultserie *Dungeons & Dragons*.

ATHENE

und eine »starke Frau« sein

Antike, Griechenland

Auch bekannt als
Grauäugige Athene, Pallas, die Unermüdliche,
Minerva (im alten Rom)

Skills
Intelligenz, Kreativität, strategisches Geschick,
Ein Kerl von einer Frau

Zuständigkeitsbereiche
Krieg, Weisheit, Tech, Handwerk, Politik,
Philosophie, Eulen

Athene gehört zu den bekanntesten Göttinnen der westlichen Welt. Sie ist Mitglied einer ebenso berühmten wie umtriebigen Sippe: der Familie der Olympischen Götter, die schon im zweiten Jahrtausend vor Christus im alten Griechenland verehrt wurde. Die Olympier beteiligten sich an allerlei Heldentaten und Katastrophen, üblicherweise mit dem Ergebnis, dass die Sterblichen, die sie sich quasi als Haustiere hielten, größtmöglichen Schaden erlitten. Athene kam auf recht ungewöhnliche Weise zur Welt und damit war ihr Lebensmotto im Grunde schon gesetzt. Ihr Vater Zeus, der König der Götter, schwängerte ihre Mutter Metis und verschlang diese, nachdem er ihr die Zustimmung abgeluchst hatte, sie in eine Fliege zu verwandeln. Er sah sich zu dieser recht drastischen Maßnahme gezwungen, weil eine Prophezeiung besagte, die Kinder der Metis würden mächtiger sein als Zeus. (Sogar Götter haben Angst davor, dass Prophezeiungen wahr werden!) Athene reifte nun also in Zeus heran und verursachte ihm schließlich derartige Kopfschmerzen, dass er nicht etwa eine Ibu einwarf, sondern einen anderen Gott um Hilfe bat, der ihm mit einer Axt den Schädel öffnete. Athene war passenderweise auch eine ungewöhnliche Neugeborene, denn sie entstieg dem Kopf ihres Vaters ausgewachsen und bereits in eine Rüstung gewandet.

Von diesem Punkt an konzentrieren sich die Geschichten über Athene (offensichtlich in der Hauptsache von Männern* verfasst) auf die Tatsache, dass sie von ihrem Vater geboren wurde. Die Herren schrieben darüber, dass Athene in Männersachen wie Kämpfen und Denken ziemlich gut war und dass sie ständig die Schwesternschaft unterminierte. Unter anderem, indem sie männliche Helden wie Orestes (dem sie die Strafe für

* Die lange Zeit, in der einer Vielzahl von Frauen Bildung komplett verwehrt blieb, ist erst vor Kurzem zu Ende gegangen. Vor 180 Jahren waren noch 60 Prozent der britischen Frauen Analphabetinnen. (Heute liegt die Zahl der Erwachsenen weltweit, die lesen und schreiben können, bei 90 Prozent der Männer und 83 Prozent der Frauen.)

den Muttermord erlassen hat) anderen vorzog, während sie Frauen, die ihr auf die Nerven gingen, bestrafte. Ein bekanntes Beispiel für Letzteres ist Arachne, eine Frau, die ihr im Wett-Weben, einem damals beliebten Frauensport, ebenbürtig war. Zur Strafe für diese Dreistigkeit verwandelte Athene Arachne in eine Spinne. Und dann war da noch Medusa, die sie in ein Monster mit Schlangenhaupt verwandelte – und zwar weil Medusa die Unverfrorenheit besessen hatte, in Athenes Tempel vergewaltigt worden zu sein. Eines der Zitate, die der Dramatiker Sophokles dieser einschüchternden Göttin in den Mund gelegt hat, lautet: »Über die Feinde zu lachen – kann es süßeres Lachen geben als dieses?«

Trotzdem wurde Athene stets in hohen Ehren gehalten, denn sie war zweifellos mächtig und besaß zu einer Zeit, als sterblichen Frauen solcher Ruhm nicht vergönnt war, Einfluss auf die Angelegenheiten von Männern. Sie teilte sich die Verantwortung als Kriegsgottheit mit ihrem Bruder Ares (der eigentlich mehr der Gott blinder Gewalt und Kneipenschlägereien war) und war die Göttin der Technik und des Handwerks wie etwa Schiffsbau und Schlosserarbeiten. (Heute wäre sie wahrscheinlich Spitzen-Programmiererin oder Ingenieurin, wie Shuri in *Black Panther*.) Ihre gefeierte Intelligenz und ihr politisches Verständnis galten ebenfalls als maskuline Fähigkeiten, und schon ihre Herkunftsgeschichte legt ja nahe, dass ihre Weisheit und ihr Erfindungsreichtum buchstäblich dem Gehirn von Männern entspringen. Genau deswegen respektierten kluge Helden wie Odysseus ihren Intellekt und ihre Ratschläge mehr als ihre pure Göttlichkeit – wie es etwa bei ihrer sexy Cousine Aphrodite, der Göttin der Liebe (siehe Seiten 84–91), der Fall war.

Athenes Entschiedenheit, auf ewig Jungfrau zu bleiben, sowie ihre Macho-Outfits und Talente ermöglichten ihr Kumpelfreundschaften mit den göttlichen Jungs. Ihre Abkehr von der Sexualität wird von einigen Wissenschaftlern als entscheidender Aspekt ihrer Genialität betrachtet, während man der Ansicht war, nichtjungfräuliche Frauen sollten ihre Kreativität beim Sex, in Schwangerschaften und endlosen Kuckuck-Spielen mit ihren

Babys ausleben. Athene ist all dem aus dem Weg gegangen und hat sich auf ihre Hobbys in Handwerk und Technik konzentriert.

Als Schutzpatronin der Stadt Athen, dem historischen Zentrum der Demokratie, gilt Athene heute noch als Symbol für politischen Frieden und Gerechtigkeit. Sie hatte übrigens die Herrschaft über die Stadt, die heute ihren Namen trägt, beim Glücksspiel gewonnen, genauer gesagt bei einem Wett-Schenken mit ihrem Onkel Poseidon, dem Gott der Meere. Um die Bürger der Stadt zu beeindrucken, haute Poseidon seinen berühmten Dreizack in den Boden und erzeugte eine Quelle. Leider aber entsprang ihr Salzwasser, was den Bürgern nicht viel nutzte. Als Athene jedoch ihr Schwert in die Erde rammte, spross dort ein Olivenbaum, der die Stadt mit Nahrung versorgte, dazu Öl und Holz lieferte, womit die Athener sehr viel mehr anfangen konnten. (Athene erfand auch andere nützliche Dinge wie Harken, Zahlen und Trompeten.) Oben auf der Akropolis, in einem Tempel, der sowohl Athene wie auch Poseidon geweiht ist, wächst übrigens noch immer ein gut behüteter Olivenbaum.

Athene tritt normalerweise in Begleitung einer Eule auf, sie wurde aber auch schon mit Schlangen gesehen: Einer Legende nach bewachte eine Giftschlange im Auftrag der Göttin die Akropolis und auf Athenes Schild, der Aigis, ist Medusas Schlangenfrisur* zu sehen.

Die Römer haben später mit Begeisterung die griechische Religion in ihre eigene integriert. Minerva, Athenes römische Inkarnation, war weniger kampfbetont und intellektueller als ihr griechisches Vorbild. Der große lateinische Dichter Ovid merkte aber an, was für eine groß-

* Abbilder von Medusas Kopf bezeichnet man auch als Gorgonenhaupt. Wir sehen es jeden Tag auf all unseren Versace-Klamotten. Freud war der Meinung, dass das abgeschlagene Haupt der Medusa ein Symbol für Kastrationsangst sei – ausgelöst durch den schrecklichen Anblick weiblicher Genitalien (wobei die Schlangen das Schamhaar darstellten). Vermutlich nicht ganz der Vibe, den Versace sich vorgestellt hat.

artige Multitaskerin sie sei, und nannte sie »Göttin der tausend Werke«*. Minerva war eine ziemlich flexible Göttin: Während sich das Römische Reich im ersten Jahrhundert vor Christus in Europa verbreitete, ging sie nämlich zuweilen mit ähnlichen lokalen Gottheiten eine Symbiose ein, unter anderem mit der gallischen Belisama in Südfrankreich und der britischen Heilungsgöttin Sulis. In Bath gibt es heute noch einen Tempel der Sulis-Minerva.

Eine Göttin, die Weisheit bringt, für sich selbst einsteht und sich um Eulen kümmert, verdient jedenfalls eine Menge Bewunderung. Athene ist aber auch ein Beispiel für das patriarchalische Vorurteil einer »starken Frau«, das – obwohl es wie ein Kompliment klingt – nicht selten eine schwierige Zuschreibung ist. Wenn wir in Filmen, Büchern oder Fernsehsendungen positiv über »starke Frauenfiguren« sprechen, meinen die meisten von uns »eine weibliche Figur, die genauso bedeutend und ausgearbeitet ist wie eine männliche Figur«. (Von »starken männlichen Figuren« spricht dagegen niemand, denn wir betrachten dies als die Norm.) Dennoch sind »starke« Frauen oftmals Figuren, die im wahrsten Sinne des Wortes stark sind und häufig wie Männer handeln, nur eben in Pumps. (In Filmen läuft es darauf hinaus, dass sie abends in mondänen Dessous herumsitzen, nachdem sie den ganzen Tag böse Jungs in die Schranken gewiesen haben. Hallo *Atomic Blonde*!) Auch wenn sie als etwas Besonderes gefeiert werden, werfen diese Hammer-Ladys dennoch einen Schatten der Schwäche auf normale Frauen. Diese Art »starke Frau« rüscht sich nicht so auf, ist nicht so schmusig wie andere Frauen und heult sich nicht die Augen aus. Warum aber sollten männliche Attribute die einzig maßgeblichen für die Definition von Stärke sein?

»Starke« Frauen erledigen ihren Kram ohne Murren. Vielleicht aber sollten wir Frauen tatsächlich ein bisschen murren, damit die Welt besser wird.

* Beim nächsten Mal, wenn wir gerade die Wäsche machen, können wir uns ein bisschen großartiger fühlen. Wir arbeiten unter der Aigis der Athene oder, wie Ovid sagte: »Verehrt diejenige, die den Schmutz aus beschädigten Gewändern entfernt.«

Athene ist genau die richtige Göttin, über die wir etwas lesen sollten, wenn irgendwer in solcher Weise über Frauen urteilt. Ihre Direktheit und die Kraft, die sie in den Armen hat, sind durchaus beeindruckend, wenn sie zum Beispiel in Homers *Ilias* das Alphatier Ares als heuchlerischen Lügner bezeichnet und ihn mit einem Stein k. o. schlägt. Die berühmtesten Geschichten aber handeln von ihrer Geisteskraft. Und wenn sie mit den starken Helden arbeitet, die sie so mag, tritt Athene gar nicht immer in ihrem Krieger-Prinzessinnen-Outfit auf, sondern manchmal auch als verletzliche alte Frau oder als kleines Mädchen.

Als Oma getarnt, bewies sie sowohl Intelligenz als auch Modebewusstsein, als sie Herakles half, den Nemeischen Löwen zu einem schicken Mantel zu verarbeiten. Sie riet ihm, sich die Macht des kräftigen Tiers zunutze zu machen, denn das Fell dieses Löwen konnte einzig und allein durch seine eigenen Klauen zerschnitten werden. Von Athene stammt übrigens auch die Idee mit dem Trojanischen Pferd, das den Griechen den Sieg brachte, als sie damit hinter die Stadtmauern Trojas gelangt waren.

Wenn wir sie heute mit modernen Augen betrachten, sehen wir auch ohne ihre Rüstung das Positive an dieser klugen Frau, die sich nicht durch ihre sexuelle Attraktivität* definieren lässt. Ohne zu behaupten, dass sie erst durch ihre sehr traditionell männliche Art großartig wirkt, erkennen wir an, dass sie Männer auf deren eigenem Feld schlägt.

* Der Trojanische Krieger Paris, Jurymitglied bei *Greece's Next Top Goddess*, fand bekanntlich Aphrodite hübscher als Athene.

FREYA

und Regeln brechen

Nordische Sagenwelt, Skandinavien

Auch bekannt als

Herrin, Konfliktverursacherin, Wanadis

Skills

Verführung, Unsichtbarkeit, magische Künste, Hedonismus

Zuständigkeitsbereiche

Sex, Fruchtbarkeit, Gold, Tod, Krieg, Reisen

Es ist nicht immer leicht, einen eigenen Weg zu gehen. Das tun, was alle machen, ist viel einfacher, sogar dann, wenn wir das Gefühl haben, nicht ganz auf dem richtigen Weg zu sein. Falls unsere Eltern oder Partner*innen sehr klare Vorstellungen davon haben, was wir mit unserem Leben anfangen sollen (oder was wir alles falsch machen), braucht es sehr viel Selbstvertrauen und Zielstrebigkeit, einen anderen Weg einzuschlagen. Genau dann aber, wenn wir den Drang verspüren, Farbe zu bekennen, sollten wir uns Inspiration bei der nordischen Kriegsgöttin Freya holen.

Die Götterwelt der Wikinger teilte sich im Wesentlichen in zwei Gruppen: einerseits die streitlustigen Asen mit ihrem Faible für Krieg und Reichtum und andererseits die etwas schlichteren, wilden Wanen, die Götter für Sex und Fruchtbarkeit. Diese beiden Stämme führten einen erbitterten Krieg gegeneinander (um Gold, was sonst), der irgendwann für beide Seiten derart katastrophal wurde, dass sie beschlossen, Geiseln auszutauschen und eine Art Waffenstillstand zu schließen. Freya, die schöne, geheimnisvolle und mächtige Tochter des Wanen-Bosses, landete in Asgard – zusammen mit Gestalten wie Göttervater Odin, dem hammerschwingenden Thor und natürlich auch dessen Lieblingsfeind und Patenonkel, dem Trickster Loki.

Als Reisegöttin dirigiert Freya die Kräfte der Natur und ihr steht ein wahres Schatzkästchen an Ausrüstung zur Verfügung: Sie steuert eine von Wildkatzen gezogene Kutsche, reitet auf einem Wildschwein mit goldenen Borsten und besitzt ein Zaubergewand aus Falkenfedern, mit dem sie ihre

Gestalt wandeln kann. Außerdem ist sie, genau wie Odin, Meisterin der nordischen Zauberkunst Seidr, die so mächtig ist, dass sie sogar Schicksal und Vorsehung verändern kann.

Aus der *Edda*, jener berühmten Sammlung altnordischer Dichtkunst, wissen wir, dass der ideale Tod im alten Norden auf dem Schlachtfeld stattfand. Er garantierte Einlass nach Walhalla, in Odins heilige Hallen, wo die Krieger den ganzen Tag kämpften und abends bei unendlichem Vorrat an Wildschweinbraten feierten. Weniger bekannt ist, dass Freya das Recht hatte, sich die Elite der Toten herauszupicken, und als Chef-Walküre* beanspruchte sie die Hälfte aller gemeuchelten Krieger.

Sie hatte die erste Wahl und nahm ihre Toten mit nach Hause, zu einem ruhigen Ort namens Folkwang, dem Feld der Menschen. Später wurde Freya sowohl in der christlichen Dichtung wie auch in der Kunst zwar als träumerische, leichtfertige und sinnliche Fruchtbarkeitsgöttin dargestellt, es schadet aber nicht, sich daran zu erinnern, dass sie eine von den ganz Großen war. Und dass sie zu Recht als mächtige und einflussreiche Göttin verehrt wurde, die die Dinge auf ganz eigene, unnachahmliche Weise regelte. Viele Götter der nordischen Sagenwelt verliebten sich in Freya, Riesen veranstalteten jede Menge Blödsinn, nur um ihre Aufmerksamkeit zu erregen, Sterbliche verehrten sie und erhofften sich von ihr Rekordernten. Die Geschichten, die sich um sie ranken, zeigen uns eine Göttin, die mit ihrer Sexualität im Reinen war und die schönen Dinge des Lebens liebte.

Eine berühmte Geschichte über Freya handelt von ihrer Jagd nach der Bernsteinkette Brisingamen, die von derart strahlender Schönheit und Perfektion war, dass Freya in dem Moment, wo ihr Blick auf das Geschmeide gefallen war, genau wusste: Sie musste es haben. Freya fragte die vier Zwerge, die es hergestellt hatten, was sie dafür haben wollten, sie

* Walküren waren Göttinnen, die außerordentlich gut fliegen konnten und die vom Himmel zur Erde hinabschwebten, um Seelen auszuwählen und zu entscheiden, welche sich Odin anschließen und sich in permanentem Kampftraining auf Ragnarök (das Ende der Zeit) vorbereiten und welche Freyas weniger kriegslüsternen Palast ansteuern würden.

würde jeden Preis bezahlen. Eine Nacht mit jedem von ihnen war die Antwort. Und Freya, eine Frau, die einerseits sehr genau wusste, was sie sich sehnlichst wünschte, und andererseits keinerlei sexuelle Skrupel kannte, stimmte zu. Loki hatte sie beobachtet und erzählte Odin davon. (Loki erzählte übrigens gerne allen und jedem, dass Freya schon mit sämtlichen Göttern und Elfen geschlafen habe.)

Für Odin bot sich hier die Gelegenheit, ein bisschen Druck auf Freya auszuüben, und er wies Loki an, das Brisingamen zu stehlen. Loki schlich sich in Gestalt einer Fliege in ihr Schlafzimmer und tat wie ihm befohlen. Odin erklärte sich später einverstanden, Freya den Klunker zurückzugeben, allerdings unter der Bedingung, dass sie zwei Könige mit einem Zauber belegte, damit diese in einen immerwährenden Krieg miteinander verstrickt sein würden. (Wie schon die Olympier hatten auch die nordischen Gottheiten Spaß daran, mit dem Schicksal ihrer sterblichen Untergebenen Schabernack zu treiben und spielten öfter mal Menschen gegeneinander aus. Einfach, weil sie es konnten.) Freya jedenfalls kam ihrer Pflicht nach, sie wollte die Halskette ja auf jeden Fall zurückhaben! Ihre mythische Verbindung zum Gold war so stark, dass man es zuweilen auch als »Freyas Tränen« bezeichnete.

In einer anderen Geschichte nahm ein feindlicher Riese namens Thrymm Thors Hammer in Geiselhaft (garantiert kein Kastrationssymbol, ach was!), um so Anspruch auf Freyas Hand anzumelden. Freya aber hatte gar keine Lust auf das klassische Jungfrau-in-Nöten-Spielchen und lehnte seinen Antrag glatt ab. Stattdessen klügelte sie einen brillanten Plan B aus, um den Hammer zurückzubekommen, der Thors marodierende Maskulinität herrlich unterminierte: Wie wäre es, schlug sie vor, wenn Thor sich auf ein bisschen Crossdressing einlassen und sich als errötende Braut verkleiden würde? Sie würde ihm auch ihren Halsschmuck leihen, damit es echter wirkte. (Thor zog die Sache durch. Beim Hochzeitsmahl tötete er den Riesen und holte sich den Hammer zurück. Die Riesen-Verwandtschaft wird einen ziemlichen Schock erlitten haben ...)

Wir ziehen den Hut vor Freya und ihrem Widerwillen, den Befehlen ihrer geliebten Asen blindlings zu folgen. Und feiern sie dafür, dass sie sich mit Spaß einen eigenen Weg ebnet, um genau das zu erreichen, was sie will. Es ist kein Verbrechen, hin und wieder die Regeln zu brechen, manchmal ist es sogar notwendig, mit den Konventionen zu spielen. Schließlich reißen wir genau damit die Schranken ein, die uns daran hindern, unser Potenzial zu entfalten.* Jahrtausendelang wurde uns Frauen gesagt, was richtig und was falsch für uns ist. Klar, dass wir uns deswegen hin und wieder schuldig fühlen, wenn wir mal wieder einfach mitgelatscht sind wie Schafe. Okay, nicht jede von uns hat eine Kutsche, die von Katzen gezogen wird, aber es macht trotzdem eine Menge Spaß, einen ganz eigenen Weg zu gehen.

* Es ist daher sehr passend, dass der Tag, an dem wir jede Woche aus Schule, Uni oder Job in die Freiheit ausbrechen können, Freyas Tag ist – im Freitag steckt ihr Name. Thank Fuck It's Freyas Tag!

UZUME

und über sich selbst lachen

Shintoismus, Japan

Auch bekannt als
Große Verführerin, Unverblümtes Weib des Himmels, Abschreckendes Weib des Himmels

Skills
Tanzen, Striptease, Stand-up-Comedy

Zuständigkeitsbereiche
Glück, Dämmerung, Ehe, Harmonie

Die japanische Shinto-Göttin Ame-no-Uzume-no-Mikoto ist wie der sprichwörtliche frische Wind. Wir alle können uns ein Beispiel am Scharfsinn dieser Dämmerungsgöttin nehmen und versuchen, so erfrischend erdig und spielerisch zu handeln wie sie. Uzumes besonderes Talent besteht darin, ihren Sinn für Humor zu benutzen, um eine schlimme Lage in etwas Positives zu wenden. Talent für Komik wird viel zu oft unterbewertet oder nicht so wichtig gefunden wie ernsthaftere Dinge, aber gemeinsamer Humor kann Menschen verbinden und macht das Leben sehr viel angenehmer. Es ist wissenschaftlich erwiesen, dass Lachen das Immunsystem stärkt, Stress reduziert und sogar vor Herzerkrankungen schützt. Vielleicht sollten wir uns alle bemühen, ein bisschen mehr Leichtigkeit in unser Leben zu bringen. Wenn wir uns das nächste Mal gekränkt oder niedergeschlagen fühlen, denken wir einfach an Uzume.

Der Shintoismus ist als Weltreligion insofern ungewöhnlich, als mit Amaterasu eine weibliche Gottheit im Zentrum steht, eine sogenannte *kami*. Neben ihr gibt es viele weitere *kami*, von denen einige (wie Uzume) personifiziert sind, während andere eher an Geister erinnern, die Orten, Eigenschaften oder Naturphänomenen innewohnen oder diese beschützen. Uzume ist die *kami* der Dämmerung, aber auch die der Heiterkeit, und sie ist bekannt für ihre herrliche Unverblümtheit. Dass sie mit diesen unterschiedlichen Dingen assoziiert wird, erklärt sich aus den Geschichten, die über sie in *Kojiki** und *Nihon Shoki*, den Schriften aus dem 8. Jahrhundert, bekannt sind.

Die Sonnengöttin Amaterasu ist nicht nur die Herrscherin der *kami*,

* Das Kojiki ist ein ungewöhnlich frauenbasiertes Buch, denn diese Sammlung wurde erstens im 8. Jahrhundert während der Regentschaft der Kaiserin Genmei und zweitens auf der Grundlage von Erzählungen der höfischen Angestellten Hieda no Are, die als Nachfahrin von Uzume selbst gilt, zusammengestellt.

sondern zusätzlich eine Urahnin der Familie des heutigen japanischen Herrschers, die durch die Sonnenscheibe auf der Flagge Japans symbolisiert wird. Amaterasus Bruder Tsukuyomi ist der Mondgott, und damit wird in diesem Fall die sonst geläufigere Familieneinteilung, in der die strahlende, goldene Sonne männlich und der zarte, zurückgezogene Mond weiblich ist, umgekehrt. Das schwarze Schaf der Familie ist der andere Bruder Susanoo, ein klassischer Bad Boy und Gott der Unwetter. Wie bei so vielen von uns Sterblichen ist das Geschwisterverhältnis zwischen Susanoo und Amaterasu mal so, mal so. In einem heftigen Streit hat sich Susanoo dann aber so mies verhalten (und ein gehäutetes Pferd nach seiner Schwester geworfen), dass es Amaterasu echt gereicht hat – so sehr, dass sie sich in einer Höhle eingeschlossen hat.

Da Amaterasu die Sonne war, bedeutete ihr Abgang blöderweise, dass es auf der ganzen Welt stockdunkel wurde. Wir alle wissen, wie wichtig die Sonne für das Leben auf der Erde ist; und deshalb tauchten zusammen mit der ziemlich düsteren Aussicht für die Welt ein paar finstere Geister auf, die erstmal Amok liefen. Daher versuchten die anderen *kami* Amaterasu herauszulocken und sie zu überreden, ihre unterirdische Me-Time zu beenden. Das war aber erstmal gar nicht so einfach – bis Uzume eine Idee hatte: Sie baute sich aus einem umgedrehten Trog eine Behelfsbühne, legte ein theatralisches Outfit an (unter anderem einen Moos-Gürtel und einen Haarschmuck aus Blättern) und startete eine heiße Tanznummer. Dabei ließ sie den Busen blitzen und den Schlüpfer fallen, sodass das Publikum – die anderen *kami* – in Lachen ausbrach. Wer kann schon das Gelächter von anderen anhören und verspürt nicht den unwiderstehlichen Drang, daran teilzuhaben? Amaterasu konnte natürlich nicht widerstehen nachzusehen, was den Heiterkeitsausbruch der *kami* ausgelöst hatte, und kam aus ihrem Höhlen-Retreat hervor. Als sie draußen war, wurde ihre Aufmerksamkeit gleich auf ihr eigenes, strahlend schönes Abbild gelenkt, das auf einem von Uzume extra aufgehängten Spiegel erschien. Die anderen *kami* verschlossen hinter ihr sofort die Höhle.

Zum Glück fand Amaterasu Uzumes Darbietung so amüsant, dass sie einwilligte, bei ihren *kami*-Freund*innen zu bleiben und die Welt wieder zu erhellen. Uzume wurde zur Göttin der Dämmerung, denn sie hatte die Sonne aus der Dunkelheit hervorgeholt. Und sie ist ganz eindeutig die Göttin der Heiterkeit und des Gelächters, denn sie hat eine erschreckende Situation gerettet und in ein warmes Gemeinschaftserlebnis verwandelt, indem sie ihre Eitelkeit hintanstellte und sich (und alle anderen) gut unterhalten hat. Uzumes Geschichte gleicht der in der griechischen Mythologie von Baubo und Demeter, als diese sich Sorgen machte, weil ihre Tochter Persephone vom Gott der Unterwelt gekidnappt worden war. Ihre Freundin Baubo hatte dann auch mal die Röcke gehoben, um Demeter zum Kichern zu bringen. Humor ist natürlich immer subjektiv und eng verknüpft mit den Sitten und Gebräuchen der jeweiligen Zeiten und Orte (wie alle wissen, die schon mal eine altgriechische »Komödie« gelesen haben). Wir verbringen zwar selbst jede Menge Zeit damit, uns über unsere Freundinnen zu amüsieren, trotzdem finden wir Uzumes Darstellung gewöhnungsbedürftig – es dürfte mehr ein »muss man mal gesehen haben« gewesen sein als alles andere –, aber das damalige Publikum fand es zum Schreien komisch.

In den Medien taucht ja immer mal wieder diese wirklich ermüdende Diskussion darüber auf, ob Frauen genauso lustig sein können wie Männer – dass sie in Comedy-Talkrunden, bei Drehbuchautoren und (früher) in der Stand-up-Comedy so wenig sichtbar sind, gilt schon als Beweis dafür, dass Mädels einfach niemandem auch nur ein Schmunzeln entlocken können. Wer sich Online-Chats dazu ansieht, findet jede Menge eifrige Typen, die sehr deutlich machen, dass sie über Perioden-Witze nicht lachen können – wer weiß, wie sie Uzumes schlüpferlose Tanzeinlage gefunden hätten? Die Äußerungen weißer, heterosexueller Cis-Männer haben unsere Gesellschaft jahrhundertelang so sehr dominiert, dass es jedes Mal einen Höllenlärm gibt, wenn irgendetwas auftaucht, das nicht auf ihren Geschmack zugeschnitten ist.

Der Satz »Männer sind nun mal einfach witziger« wird meist evolutionstheoretisch damit belegt, dass männliche Tiere ja auch eine Show abziehen müssen, um eine Partnerin zu finden, während die Weibchen nur dasitzen und ihr Votum abgeben, statt an cleveren Zeilen zu feilen oder sich das schicke Federkleid zu richten. Neuere wissenschaftliche Studien haben jedenfalls belegt, dass diese gendertheoretische Sicht auf den Sinn für Humor mehr selbsterfüllendes Stereotyp ist als objektiver Fakt. In unserer Gesellschaft wird einfach erwartet, dass Männer lustiger sind, und Frauen, die Witze machen, werden strenger beurteilt als Männer. Neuere Forschungsergebnisse beweisen übrigens, dass im Kollegenkreis die Scherze von Frauen eher als »disruptiv« empfunden werden, während die von Männern gut ankommen. Humor wird häufig extrovertierten Menschen zugeschrieben, und weil er auch aggressive Elemente haben kann, wird er mit statushöheren Menschen verbunden, und so nutzt Uzume ihn zum eigenen Vorteil. Schließlich war sie auch bekannt als »Abschreckendes Weib des Himmels«.

Das Image der »drögen Jungfer« ist nur eines von vielen weiblichen Stereotypen, das sowohl mit dem Stress in Verbindung steht, den Frauen damit haben, überhaupt ernst genommen zu werden, als auch mit einer kulturellen Angst davor, dass sich Frauen zur Schau stellen (im Sinne von: Wäre es nicht für alle besser, sie würden einfach zuhause bleiben und still ihre Handarbeiten machen, statt sich draußen offen zu zeigen?). Da Frauenkörpern ja schon immer sehr viel Aufmerksamkeit geschenkt wird, ist es wenig überraschend, dass sich die Wissenschaftler vor allem mit den Striptease-Elementen von Uzumes Varieté-Einlage beschäftigt haben. Was die Bedeutung ihrer Nacktheit in diesem Mythos angeht, so bringt die gängige Interpretation die schöpferischen und fruchtbaren Kräfte der Sonne mit denselben Kräften des weiblichen Körpers in Verbindung. Uzume kam mit dieser aufsehenerregenden und draufgängerischen Geschichte durch, weil sie auf metaphorischer Ebene zum Wohle des Universums handelte.

Uzumes Tanz gilt als Kern des *kagura*-Tanzes, der noch heute praktiziert wird, allerdings mit weniger gewagten Einlagen. Der Spiegel aber, den sie aufgehängt hatte, um Amaterasu abzulenken, wird heute noch in einem Schrein in der japanischen Küstenstadt Ise aufbewahrt. Er gehört zu den heiligen Insignien des japanischen Kaisers und spielte auch bei der Krönungszeremonie Kaiser Naruhitos 2019 eine große Rolle. Ursprünglich war er von Amaterasus Enkelsohn Ninigi zur Erde gebracht worden. Ninigi begründete schließlich die Kaiserfamilie, als sein Urenkel, der erste Kaiser Jimmu, im Jahr 660 die Macht übernahm. Auch in diesem Abenteuer spielte Uzume eine Rolle: Als Ninigi gerade zur Erde hinabsteigen wollte, um die Macht über sein menschliches Reich zu übernehmen, bemerkte seine Sonnen-Oma, dass da ein seltsamer und furchterregend aussehender *kami* an der Grenze der beiden Welten wartete. Sie schickte ihre bewährte Konfliktlösungs-Agentin Uzume los, um die Lage zu sichten. Uzume mit ihrer gewohnt unerschütterlichen Laune näherte sich dem *kami* Sarutahiko und fand heraus, dass er trotz seines unvorteilhaften Äußeren durchaus freundlich gesinnt war. In manchen Geschichten heiraten die beiden später. Diese Episode erklärt aber auch, woher Uzumes Ruf als mutige Göttin stammt.

Ihr wunderbarer Beiname »Abschreckendes Weib des Himmels« deutet wahrscheinlich auf eine andere Geschichte hin, in der sie sich über stachelige Meerestiere hermacht. Als Ninigi zur Erde kam, war Uzume gerade dabei, alle Fische dazu zu bringen, ihn zu verehren. Leider verhinderte die Seegurke das einstimmige Urteil, denn ihr fehlte der Mund, um ihm Treue zu schwören. Uzume nahm kurzerhand ein Messer und schnitt ihr einen, damit sie sich nicht mehr ausgeschlossen fühlte.*

* Uzumes Mix aus lustigen und erschreckenden Elementen erinnert uns an die Inuit-Göttin mit dem herrlichen Namen Irdlirvirisissong, eine Cousine des Mondgottes und so etwas wie ein Joker. Auch sie mag lustige Tänze, aber wenn sie ausgelacht wird, neigt sie dazu, menschliche Eingeweide gefrieren zu lassen und diese wie Eis am Stiel aufzuschlecken.

Uzumes Fähigkeit, sich über sich selbst lustig zu machen, steht in Verbindung mit ihrem Mut: Im Alltag ist unsere größte Sorge oft, uns selbst zum Affen zu machen. Gefragt, was sie am häufigsten davon abhält, ihre Komfortzone zu verlassen, nennen Menschen immer wieder die Angst, sich zu blamieren. Wenn wir jedoch Freude daran finden können, über uns selbst zu lachen wie Uzume, neutralisieren wir die Scham und können den Sonnenschein eines fröhlichen, erfüllten Lebens genießen.

OSHUN

und bekommen, was uns zusteht

Yoruba, Westafrika

Auch bekannt als
Osun, Oxum, Ochún, Barmherzige Jungfrau, Mamae, Weltbeste Haarflechterin mit dem korallenbesetzten Kamm, Göttin des Süßwassers

Skills
Medizin, Kommunikation, Kreativität

Zuständigkeitsbereiche
Spirituelles Gleichgewicht, Lust, Wasser, Fruchtbarkeit, Liebe, Geld

Stylisch, finanziell unabhängig und kommunikationsstark. Das liest sich zwar wie ein sehr ansprechendes Datingprofil, aber die Göttin Oshun interessierte sich eher nicht so dafür, wer mit ihr zusammen sein wollte. Sie ist alleine schon mehr als genug wert: Die meisten ihrer Spitzenleistungen erbringt sie, wenn sie unabhängig von den anderen Göttern ihrer Gruppe arbeitet. Oshun achtet aber durchaus darauf, dass ihre Bemühungen nicht unbelohnt bleiben, und hält auch nicht damit hinterm Berg, dass sie es sich gutgehen lassen will und ordentlich Spaß haben möchte. Es hat schon Vorteile, wenn man als Göttin sowohl für Reichtum und Vergnügen zuständig ist als auch für Kreativität und Heilkunst. Zum Glück ist Oshun eine der beliebtesten Göttinnen, die heute noch verehrt werden, und die Geschenke, die zu ihrem Schrein gebracht werden, sind in jeder Hinsicht vom Feinsten: Gold, Parfüm, Champagner, köstliche Leckereien und Honig gehören zu ihren Lieblingsdingen.

Wir kennen Oshun hauptsächlich als Yoruba-Gottheit, als sogenannte *Orisha*. Die Religion und Kultur der westafrikanischen Yoruba hatten großen Einfluss auf weite Teile der Welt. Aufgrund der Deportationen von Sklaven während des jahrhundertelangen ekelhaften Sklavenhandels mit dem amerikanischen Kontinent und späterer Migrationsströme hat sich der Yoruba-Glaube in vielen Ländern entwickelt und verwurzelt. Auch sind lokale Religionen wie die kubanische Regla de Ocha (oder auch Santería) und die brasilianische Candomblé davon beeinflusst. Das *Orisha*-System der Yoruba, diese Gemeinschaft von Geistern und Gottheiten, steht in Verbindung mit den Glaubensrichtungen weiterer afrikanischer Völker, unter anderem in Ghana, Benin und Togo. Die vielen (es sind tatsächlich hunderte) *Orishas* im Pantheon der Yoruba sind die Elite aus allen Göttinnen und Göttern, Naturgeistern sowie früheren Helden und Herrschern. In verwandten afrokaribischen Religionen werden sie häufig mit christlichen Heiligen verbunden. Oshun ist eine Frau mit so diversen und reichen

Attributen, dass sie sowohl mit der Jungfrau Maria gleichgesetzt wird als auch mit Aphrodite (siehe Seiten 84–91) – zwei Damen mit derart unterschiedlichen Hobbys, dass sie normalerweise auch sehr unterschiedliches Publikum finden.

Oshun ist unter allen *Orishas* die Wichtigste und ein besonders schöner Mythos zeigt, wie wichtig sie bei der Erschaffung der Menschheit war. Olodumare, der bedeutendste Schöpfungsgott, hatte ursprünglich siebzehn *Orishas* auf die Erde geschickt, um diese mit Leben zu füllen. Abgesehen von Oshun waren alle *Orishas* Männer und sie haben unsere Göttin draußen vor dem Konferenzraum stehen lassen und sich erstmal was zum Mittagessen bestellt, bevor sie mit ihrem wichtigen, männlichen Erschaffungsprozess angefangen haben. Na ja, sie sind gescheitert. Schließlich holten sie Oshun zu Hilfe, und siehe da, das Leben blühte. Die allgemein anerkannte Moral dieses Mythos ist, dass es sehr schwierig ist, etwas Wichtiges hinzubekommen, wenn keine Frauen daran beteiligt sind.

In vielen Darstellungen ist Oshun hinreißend schön und hat Mitgefühl für diejenigen, die am Rande der Gesellschaft stehen, für kranke Kinder, Benachteiligte und alle, die Probleme haben, schwanger zu werden. In zahlreichen Erzählungen werden ihre Überzeugungskraft und ihre Strategie hervorgehoben, ihr honigsüßes Auftreten einzusetzen, um zu bekommen, was sie will. Was uns diese Geschichten ebenfalls lehren, ist, dass Oshun etwas gegen Hohlköpfe hat, dass sie eitel sein kann, dass ihre Macht destruktiv sein kann und dass sie ein sinistres Lachen hat. Sie ist die Herrin des erfrischenden Süßwassers und dessen heilender Kräfte, sie veranlasst aber auch Überschwemmungen und Dürren, wenn sie verärgert ist. Wie viele andere mächtige Göttinnen steht auch sie in Verbindung mit Zauberkräften, und ihre Vorliebe für Honig bedeutet, dass sie angeblich sogar Menschen mit Typ-2-Diabetes bestraft.

Weil Oshun mit dem Element Wasser in Verbindung steht, wird sie manchmal auch als Meerjungfrau dargestellt, doch egal in welcher Gestalt sie auftaucht, sie ist immer wunderschön gekleidet, meist in Gelb

mit Armbändern aus Gold und Messing, Perlen, Spiegeln und Fächern. In ihrem Video zu »Hold Up« beschwört Beyoncé Oshun herauf, als sie in einem leuchtend gelben Kleid auf einer Wasserwelle reitend eine Reihe von Türen durchbricht. (Und in ihrem Video »Spirit« bezieht sie sich auf eine Verwandte von Oshun, die Yoruba-Wassergöttin Yemoja. Diese wird ebenfalls häufig als Meerjungfrau dargestellt, allerdings in einem blauen Kleid.*) Oshun würde diese Hommage wahrscheinlich gefallen, sie mag ein bisschen Glitter, und der Glaube daran, dass sie ihren Lieblingen Geld und Ruhm bescheren kann, vergrößert ihren Influencer-Status. Obwohl sich viel um ihre Schönheit dreht, gibt es auch eine Geschichte, in der sie ihr glamouröses Aussehen für höhere Werte opfert. Als alle anderen *Orishas* gegen Olodumare aufbegehrten und daraufhin eine schreckliche Dürre herrschte, verwandelte sich Oshun in einen Pfau und flog zum Himmel, um dort um Vergebung zu bitten. Die Vergebung wurde ihr gewährt, doch auf dem Weg hinauf verschmorten ihre wunderschönen Federn in der Sonne und Olodumare schickte sie als Botin zurück zur Erde, diesmal in Gestalt eines Geiers.

Oshun ist eine komplexe, vielschichtige Figur – und eine, die absolut wirkungsvoll umsetzt, was immer sie sich vorgenommen hat. Sie ist eine besonders lustvolle Göttin, weil sie aus allem, was das Leben Gutes zu bieten hat, das Beste macht. Als Göttin der Lust genießt sie ihre romantischen Beziehungen. Ihre bekanntesten Liebhaber sind der Donnergott Shango und Orunmila, der Gott der Weissagungen, von dem sie gelernt hat, wie man einen Eindruck von den Problemen der Menschen gewinnt und jene Rituale anzweifelt, die wie Formeln anmuten. Da sie Liebe jeder Art repräsentiert, wurde sie auch zur Beschützerin schwuler, lesbischer, bisexueller und transgender Menschen.

* Mami Wata ist eine weitere Meerjungfrauen-Göttin aus Westafrika mit ähnlichen Interessen wie Oshun und Yemoja. So viel zu all denen, die dagegen waren, eine schwarze Schauspielerin für Disneys Little Mermaid zu casten, weil es ja keine schwarze Meerjungfrauen gäbe: Yemoja und Mami Wata gibt es schon ein paar Jahrhunderte.

In Nigeria wird Oshun jedes Jahr im August mit dem Oshun-Osogbo-Festival gefeiert, das in einer heiligen Höhle stattfindet, die inzwischen zum UNESCO-Weltkulturerbe gehört. Dort soll sie den Gründern der Stadt Osogbo erschienen sein, die an einem Fluss liegt, der Oshun heißt und somit ihren Namen trägt. Als Gegenleistung dafür, dass sie sie verehrten, durften dereinst Reisende in ihrem Namen eine Stadt gründen. Nach dem Motto: Eine Hand wäscht die andere.

Oshun zeigt uns, dass es gar keinen Sinn hat, schüchtern zu sein, wenn wir etwas erreichen wollen. Und das, was uns zusteht, sollten wir auch einfordern, ganz egal von wem: Ob das nun Gaben und Kulte von Leuten sind, denen wir erlaubt haben, sich an unserem Fluss anzusiedeln, oder die Anerkennung von den Kolleg*innen, mit denen zusammen wir die Welt erschaffen haben. Oshun ist eine Göttin, die dazu beiträgt, die Stimmen von Frauen zu stärken; deshalb wird diese Eigenschaft in dem zauberhaften Gedicht »The Winds of Orisha« der geschätzten Dichterin und Aktivistin Audre Lorde auch besonders hervorgehoben. Oshun ist eine großartige Inspirationsquelle, wenn wir unser eigenes Selbstvertrauen an die erste Stelle setzen und trotzdem die Menschen um uns herum nicht aus den Augen verlieren wollen. Diese wunderbare Flussgöttin bringt quasi Fülle im Überfluss.

INANNA

und den eigenen Ehrgeiz annehmen

Sumerisch, Irak

Auch bekannt als
Königin des Himmels, Ištar (in Babylon),
Herrin der zeitgleichen Dates, Herrin des Himmels
mit den großen Brustjuwelen

Skills
Streit, Mut, Zorn, Austeilen von göttlicher Gerechtigkeit,
Verführung, kann auf Löwenrücken stehen

Zuständigkeitsbereiche
Krieg, Wahrheit, Göttlichkeit, Musik, Liebe, Sex,
Politik, Macht, Fruchtbarkeit (und, wie wir sehen werden,
noch einiges mehr)

Der Begriff »ambitionierte Frau« weckt in uns sofort die müde Assoziation einer Business-Bitch mit einem Busen aus Stahl, wie sie (ohne zurückzuschauen) über die gerade noch zuckenden Körper ihrer Kollegen klettert, um ihr skrupelloses Machtstreben immer weiter voranzutreiben. (Sie versteht es, sich gut zu kleiden, denken wir nur an Cersei Lannister, Claire Underwood und Miranda Priestly.*) Bei Männern bedeuten Ambitionen vor allem Energie, Erfolg und Selbstvertrauen. Diese Doppelmoral ist langsam echt nervig, oder? Was aber, wenn wir uns von Gender-Stereotypen freimachen würden und einen Weg fänden, unsere innere Spitzenkraft in Position zu bringen? Und zwar ohne, dass wir nochmal darüber nachdenken, was andere dann von uns halten. Im antiken Mesopotamien wurde Inanna als oberste Göttin verehrt, als Königin des Himmels daselbst. Sie war so populär, dass man ganz vergessen hat, was für seltsame und durchaus fragwürdige Szenarien sie manchmal veranstaltet hat, um zu erreichen, was sie wollte.

Im vierten Jahrtausend vor Christus war Mesopotamien der Nabel der Welt: Die gesamte menschliche Zivilisation saß hier, von hier aus entwickelten sich die Kulturen der Sumerer, Akkader, Babylonier, Assyrer und Perser. Sie alle teilten Mythen, deren Inhalte sich überlappten oder einander spiegelten. Inanna, die später als Ištar bekannt wurde, stand im Zentrum aller dieser Mythologien. Die Mesopotamier waren die ersten Städter, sie liebten Großstädte und jede einzelne Stadt hatte eine eigene Gottheit. Inannas Kiez war das hübsch klingende Uruk. Die Städte waren damals jedoch fragil und stets bedroht durch die beiden größten Schreckensszenarien: Überschwemmungen und Dürren, hinzu kamen immer wieder Kriege. All diese sehr realen Bedrohungen

* Shiv Roy hat dann doch ein allzu großes Faible für schmale Tops in neutralen Farben mit weiten Hosen, um in diese Liste aufgenommen zu werden.

bilden den Kern dieser Mythen, sodass wir uns gut vorstellen können, wie die Menschheit durch Geschichten gelernt hat, mit Plagen fertigzuwerden.

Inanna war die Göttin der Liebe, der Schönheit, des Sex und der Verführung, aber auch des Krieges, des Streits und der Politik. Um ihre immense Macht bildlich darzustellen, wurde sie auf einem Löwen stehend abgebildet. Wir können uns denken, warum sie so verehrt und angebetet wurde. Sie hatte eine schwindelerregende Kombination von Aktionen am Laufen, was im Grunde auch die mesopotamische Kultur widerspiegelte: eine Kultur, die ebenso wohlwollend wie verräterisch war, gleichzeitig furchtlos und behütend. Inanna tritt in mehr Fabeln auf als jede andere mesopotamische Gottheit, und viele Mythen über sie drehen sich um ihren ziemlich atemberaubenden Ehrgeiz, wobei sie mit Vorliebe die Hoheitsgebiete anderer Götter übernimmt.

Inannas Vater war Enki, der Gott des Wassers und der *me*. In der sumerischen Mythologie waren dies geheime Kräfte, die unterschiedlichen Göttern und Göttinnen ausgehändigt wurden, damit sie die Welt in Ordnung bringen und die Zivilisation zusammenhalten können. Inanna war mit ihrer Auswahl an *mes* noch nicht zufrieden, obwohl es eine recht eindrucksvolle Sammlung war: unter anderem Schnitzkunst, Schmiedekunst, Schreiben, Bauen und Korbflechten. Sie hegte den Ehrgeiz, ihre Stadt – und damit sich selbst – zu einem noch bedeutenderen Machtzentrum auszubauen. Deshalb segelte sie auf ihrem himmlischen Boot los, um ihren Vater Enki um mehr *mes* zu bitten. Sie bezauberte Enki und die beiden setzten sich zu einem netten Abendessen zusammen. Irgendwann hatte Inanna ihren Papa ordentlich besoffen gemacht und wie er da so weiterbecherte, wurde er immer freigiebiger – diesen Nebeneffekt von Alkohol kennen viele von uns. Als er später mit hämmernden Kopfschmerzen aufwachte, musste er feststellen, dass Inanna weg war und mit ihr hundert *mes*, die er ihr aus Versehen übergeben hatte. Sie hatte ein paar richtig große Dinger an Land gezogen: Göttlichkeit, den Königsthron, Wahrheit, Sex, Weisheit, Angst und Musik. Enki versuchte, die heiligen Jobbeschreibungen zurückzufordern, aber Inanna wandte sich an die Personalabteilung, beschwerte sich über ihn und zwang ihn zum Rückzug. Durch diesen geschickten Winkelzug emotionaler Erpressung hatte sich die Sachlage vollkommen verändert: Nun war es nicht mehr so, dass er zornig über ihr Verhalten war, sondern sie war verletzt, weil er sein Wort nicht halten wollte. Inanna zitierte erstmal ihre BFF, die Kriegsgöttin Ninšubur, herbei, um Enki in die Schranken zu weisen.

In einer anderen berühmten Geschichte stieg Inanna in die Unterwelt hinab, um ihrer Schwester Ereškigal, der Königin der Hölle, deren Herrschaftsgebiet wegzunehmen. Inanna war zwar mit dem attraktiven jungen Hirtengott Dumuzi verheiratet, ließ ihn aber zuhause, während sie ihren wichtigen Umsturzgeschäften nachging. Ihrer Freundin Ninšubur dagegen sagte sie, wenn sie innerhalb von drei Tagen nicht zurück sei, solle diese kommen und sie holen. Inanna zog also ihr bestes Kampfkostüm an, wobei jedes ihrer sieben Kleidungsstücke eine ihrer *mes* symbolisierte. Um zu Ereškigals Palast zu gelangen, musste sie sieben Tore in sieben Mauern passieren. An jedem Tor verlangte ein Türsteher, dass sie ein Kleidungsstück ablegte, und als sie schließlich vor ihrer Schwester stand, war sie unbewaffnet und nackig. Ihr Umsturzversuch endete ebenfalls in einem Desaster: Sie wurde zum Tode verurteilt und ihr Leichnam wurde als Warnung an andere auf einen Nagel gespießt und aufgehängt. Zwar bat Ninšubur die anderen Gottheiten einzugreifen, aber nur Enki zeigte sich – trotz ihrer vorherigen Verfehlung – seiner Tochter gegenüber loyal: Er schwebte zu ihrer Rettung herbei und erweckte sie wieder zum Leben.

Inanna floh zwar aus der Unterwelt, wurde aber von einer Armee aus Teufeln verfolgt, die einen Ersatz für sie forderten. Dumuzi hatte es sich in ihrer Abwesenheit gutgehen lassen und umgeben von schönen Frauen auf ihrem Thron geloungt (Dumm-uzi!!). Inanna war stinksauer und schickte ihren Gatten an ihrer Stelle in die Unterwelt. Am Ende aber bewies sie ein bemerkenswertes Maß an Kompromissbereitschaft und Vergebung gegenüber ihrem total unwürdigen Ehemann: Sie vereinbarten, dass sich Dumuzi und seine unbescholtene Schwester Geštinanna, die Göttin der himmlischen Weinbeeren, den Urlaub in der Hölle teilten. Dumuzi kehrte daraufhin jedes Jahr im Frühling wieder in die Welt zu Inanna und in sein Eckbüro zurück, wobei er Wachstum und Fruchtbarkeit mitbrachte. Im Herbst ging er wieder in den Keller und machte Ablage. Man könnte vielleicht sagen, Inanna hatte sich die perfekte Beziehung geschaffen.

Anspielungen auf Inannas Abstieg in die Unterwelt finden wir später im griechischen Mythos über Demeter und ihre Tochter Persephone. Hades, der Gott der Unterwelt, entführte seine Nichte Persephone und zwang sie, seine Frau zu werden. Als die Erntegöttin Demeter daraufhin ausflippte und drohte, die ganze Welt verhungern zu lassen, ließ er sich überreden, Persephone gehen zu lassen. Allerdings sollte sie vorher sechs Granatapfelkerne essen – die sie dazu verurteilten, künftig sechs Monate des Jahres mit ihrem jämmerlichen Mann unter der Erde zu verbringen und sechs Monate oben. *Et voilà!* Schon waren die Jahreszeiten erfunden.

Wir wissen übrigens so viel über die bezaubernde Inanna, weil die sumerische Priesterin Enheduanna – die erste namentlich genannte Autorin der Menschheit – Hymnen und Gedichte zu ihren Ehren geschrieben hat, in denen sie alle Attribute der Göttin feiert, die schönen wie die schrecklichen und ehrfurchtgebietenden. Inanna löst absolute Hingabe und Loyalität aus, weil sie das komplette Spektrum von hell bis dunkel symbolisiert. Wir möchten niemanden anregen, andere zu bezaubern, zu bestehlen und sich ihnen entgegenzustellen, um Ziele zu erreichen, so wie Inanna es oft genug getan hat; sie kann uns aber ein großartiges Vorbild sein, wenn es darum geht, sich die eigenen Ziele vor Augen zu führen, sich gut vorzubereiten und dann Entschlossenheit bei der Umsetzung zu zeigen – und natürlich auch dabei, im Lob für den eigenen Erfolg zu baden. Allzu oft schieben wir Frauen unseren Erfolg dem Glück oder Zufall zu, stattdessen sollten wir ihn als unseren Verdienst betrachten, so wie Inanna es getan hat. Lassen wir den Männern ihre Mannbitionen. Schreiben wir stattdessen die Rollen neu und konzentrieren uns auf unsere innere Inanna.

THE MORRÍGAN

und das Leben als Bitch

Irisch, Irland

Auch bekannt als
Große Königin, Phantom-Königin, Badbh (Krähe), Macha (Land), Nemain (Raserei)

Skills
Prophezeiung, Gestaltwandeln, Hexerei, Gezänk, Verstörende Geräusche, Unruhe stiften, Rüstungen waschen

Zuständigkeitsbereiche
Krieg, Tod, Kühe, Krähen, Pferde, Revier

Viele unserer Göttinnen schäumen über vor positiver Einstellung, inspirieren mit heilender und kreativer Energie und anderen sonnigen Eigenschaften, die üblicherweise mit weiblicher Fruchtbarkeit assoziiert werden. Alles aber hat eine Kehrseite und die irische Göttin Morrígan verfügt über weniger kuschelige Attribute. Sie ist mehr diejenige, die in schwarzes Leder gekleidet mit Lippenstift (in Rouge-noir) auf Hochzeiten völlig unpassende Bemerkungen über den Tod raushaut. Eine Art Frau, die wir absolut mögen.

The Morrígan war eine Kriegsgöttin. (Wie bei The Rock, dem Hollywood- und Wrestling-Star, macht der bestimmte Artikel in ihrem Kampfnamen den Vibe aus.) Ihre liebsten Zeitvertreibe waren unter anderem Gewalt auslösen und Unheil verkünden, auf Partys ein echter Kracher. Zu ihren weiteren Hobbys gehörte es, den großen Mythenhelden Cú Chulainn zu nerven (*Game of Thrones*-Fans als »Bluthund« bekannt) und heimlich eine andere Gestalt anzunehmen – gerne mal als Aaskrähe, die genüsslich die Körper gefallener Kämpfer verspeiste. Sie war also eine eiskalte Bitch – auch im wahrsten zoologischen Sinne des englischen Wortes, denn in einer Erzählung greift sie Cú Chulainn in Gestalt einer Wölfin an. (Mit ihren Animagus-Outfits kann sie sich in viele Gestalten verwandeln, unter anderem in einen Aal, eine weiße Kalbin mit roten Ohren, eine hinreißende junge Hure, eine hässliche Alte und – in einem Anfall kompromisslosen Colour-Blockings – in eine rothaarige Frau mit roten Augenbrauen in einer roten Kutsche, die von einem einbeinigen roten Pferd gezogen wird.)

Was wir von The Morrígan wissen, stammt aus der irischen Sage *Táin Bó Cuailnge* (Der Rinderraub von Cooley) aus dem sogenannten Ulster-Zyklus. Es gibt in dieser Sage eine ganze Menge Material über die Rolle der Frau, über das man wirklich einmal nachdenken sollte, nicht zuletzt, weil der dort beschriebene Überfall von der promiskuitiven Königin Medb von

Connacht ausging und sich gegen ihre Nachbarn in Ulster richtete, von denen einzig der Teenager Cú Chulainn ein bisschen Widerstand leisten konnte. Seine Landsleute waren nämlich bedauerlicherweise alle von The Morrígan verflucht worden, die die Gestalt einer sportlichen jungen Frau namens Macha angenommen hatte: »Wenn ihr in äußerste Gefahr geratet, werden diejenigen, die dieses Gebiet schützen, nicht mehr Kraft besitzen als eine Frau in den Wehen.« Macha wählte diesen Fluch bewusst, denn als sie gezwungen war, gegen die Pferde des Königs um die Wette zu laufen, war sie mit Zwillingen schwanger. Sie gewann das Rennen trotzdem eindrucksvoll, war aber über die schreckliche und respektlose Behandlung durch den König und seine Männer so wütend, dass sie jene Verwünschung ausrief, die dann zum Game-Changer wurde.

Keltische Göttinnen waren tendenziell Multitaskerinnen und hatten keine klar abgegrenzten Reviere, in denen sie als Schutzherrinnen fungierten, außerdem traten sie immer mal wieder in anderen Gestalten auf. The Morrígan ist eine Dreifach-Göttin, die in unterschiedlichen Personifizierungen als Badbh, Nemain und Macha auftaucht; alle drei sind aber an allerlei Streitereien und jeder Menge Hickhack beteiligt. Ihr vielgestaltiges Wesen drückt sich auch in ihrem Talent zum Gestaltwandeln aus, das sie nutzt, um Cú Chulainn zu überlisten, der oft erst dann kapiert, mit wem er es zu tun hat, wenn sie sich gegenseitig ordentlich auf den Sack gegangen sind. Obwohl Krieg ein Männer-Job war, waren die bekanntesten keltischen Kriegsgottheiten weiblich.* The Morrígan jedoch hat sich nicht im Kampf Eins gegen Eins die Hände schmutzig gemacht, sondern eher als kreischende Cheerleaderin die anderen vom Spielfeldrand aus angefeuert.

* Eine der coolsten dieser martialischen Damen war die Kriegsgöttin Scáthach, die übrigens auch einen Auftritt als Cú Chulainns Personal Trainerin hatte, als er auf der Isle of Skye die Kampfausbildung durchlief. Sie hätte großen Erfolg bei der Reality-Show *SAS: Who Dares Wins* im britischen Fernsehen gehabt, in der ein quasi-militärisches Training absolviert werden muss.

Göttinnen fungieren in vielen Sagen ganz einfach entweder als Hindernis oder als Unterstützerin des Helden, für Cú Chulainn ist The Morrígan beides. In den unterschiedlichen Erzählungen macht sie ihn mal stark, mal hindert sie ihn, wo sie kann, aber nur selten wechseln sie ein freundliches Wort miteinander. Zum ersten Mal erscheint sie ihm als wunderschöne junge Frau, die ihm Hilfe und Partnerschaft anbietet, was er aber wenig gentlemanlike ablehnt und sagt, er sei gerade beschäftigt und wäre ja nicht wegen »des Hinterteils einer Frau« hierhergekommen. Es ist wichtig, sich vor Augen zu führen, dass Unsterbliche sehr empfindlich reagieren können, wenn ihre Einladung zum Date abgelehnt wird. Während männliche Götter jedoch einfach losgehen und Menschen vergewaltigen, beweisen weibliche Gottheiten mehr Zähigkeit und sorgen dafür, dass der fragliche Held stattdessen einen richtig anstrengenden Arbeitstag hat. Deswegen sorgt The Morrígan bei Cú Chulainns nächstem Kampf für entsprechend viel Ärger: Erst führt sie ihn in Gestalt eines Aals aufs Glatteis, dann bringt sie als Wölfin und randalierende Kalbin alles durcheinander.

Gegen Ende von Cú Chulainns couragierter Karriere als Kämpfer kommt es in einigen Darstellungen dazu, dass die heimtückische Mrs. M. ihn – frustrierend wie immer – daran hindern will, in seinen letzten Kampf zu ziehen, indem sie seine Kutsche zerstört. Als Weissagerin kennt sie das Schicksal, dem er nicht entgehen kann, und weiht ihn so theatralisch wie möglich ein. Anstatt ihrer üblichen Verkörperungen tritt sie erst als alte Frau auf, die in einer Furt seine blutige Rüstung schrubbt, und dann noch in Gestalt von drei weiteren älteren Damen, die ihn überreden, unglückbringendes Hundefleisch zu essen. Man muss schon sagen, dass The Morrígan diesen schwarzen Goth-Horror-Vibe voll draufhatte.

Flache Gewässer waren ein Sinnbild dafür, dass übernatürliche Figuren Kontakt zum Jenseits hatten, und das Motiv der Wäscherin in der Furt findet sich auch in schottischen und französischen Volkserzählungen. Es deutet normalerweise den bevorstehenden Tod der Person an, deren Rüstung die Frau buchstäblich mit Zauberhand reinigt: »Hier und da sind viele blutige Flecken um uns; grausig sind die von The Morrígan gesäuberten gewaltigen Gedärme.« Kein Anblick, den sich ein Soldat wünschen würde. Als Cú Chulainn nun seinem prophezeiten blutigen Ende entgegensieht und sich auf dem Schlachtfeld an einem Felsen festgebunden hat, um wenigstens aufrecht zu sterben, landet The Morrígan in Gestalt einer Krähe auf seiner Schulter; an diesem Punkt wissen dann selbst seine Feinde, dass er wirklich tot ist.

Obwohl sie überall, wo sie auftaucht, Angst und Schrecken verbreitet, und vor allem, weil sie vor jedem Scharmützel haarsträubende Kampfschreie ausstößt (was sie mit den berühmten irischen Todesfeen, den sogenannten Banshees, verbindet), gibt es für The Morrígan auch sehr viel positivere Interpretationsansätze. Der Tod auf dem Schlachtfeld wurde als ruhmreich erachtet und sie damit als Überbringerin von Ehre und Erfolg. Zum Beispiel veredelte die Tatsache, dass sie Cú Chulainn schikaniert hat, seine legendären Taten.

Ist The Morrígan also eine Bitch? Sind wir es? Abgesehen von der zoologischen Definition, dass ein weiblicher Hund im Englischen »bitch« heißt, kann das Wort auch eine Frau bezeichnen, die bösartig ist (»Carol hat Layla erzählt, dass ich ihre Schuhe hässlich finde – so eine Bitch!«), eine promiskuitive Frau (»Carol, diese Bitch, ist hinter meinem Rücken mit Alan in die Kiste gestiegen«), eine Person, die unter der Knute einer anderen steht (»Alan ist Carols Bitch«), und manchmal wird es auch als Kompliment für Toughness benutzt (»Carol ist echt eine coole Bitch!«). Bitch gehört also zu den Worten, deren Bedeutung stark vom Zusammenhang abhängt und die sich auch anders anfühlen, je nachdem, ob sie von einem Mann oder einer Frau benutzt werden. Logischerweise ist es falsch, bösartig zu sein, aber diese Beschimpfung wird Frauen ganz nonchalant selbst dann entgegengeworfen, wenn sie alles andere als bösartig sind. Verhalten, das bei Männern einfach nur verbindlich wirkt, wird bei Frauen oftmals (und zwar sowohl von Männern wie von Frauen) als kalt und aggressiv wahrgenommen. Und zwar, weil uns eingetrichtert wurde, dass Frauen warm, mütterlich und verschmust sein sollen. Das aber war überhaupt nicht The Morrígans Ding. Wenn wir also das, was uns gehört, laut und wütend verteidigen, wenn wir Respektlosigkeit mit Bestimmtheit entgegentreten, wenn wir aufreißen, wen immer wir wollen, und vielleicht auch aus Gründen, die nur wir kennen, dann ist es nicht unwahrscheinlich, dass wir irgendwann als Bitch bezeichnet werden. Wie The Morrígan. Aber genau wie sie sollten wir uns überhaupt nicht daran stören.

BASTET

und die Macht weiblicher Solidarität

Ägyptisch, Ägypten

Auch bekannt als
Herrin des Schreckens, Herrin des Lebens,
Herrin des Ostens, Göttin des Gemetzels,
Göttin der aufgehenden Sonne,
Das heilige und allsehende Auge,
Bast, Sekhmet

Skills
Frauen beschützen, Medizin,
Das Leben genießen

Zuständigkeitsbereiche
Liebe, Gesundheit, Fruchtbarkeit, Vergnügen, Tanz,
Frauen, Geheimnisse, Krieg, Feuer

Das alte Ägypten gehörte zu den ersten großen Zivilisationen der Menschheit und wie ihre Zeitgenossen in Mesopotamien besaßen auch die Ägypter ein reich bevölkertes Glaubenssystem mit einer ganzen Reihe von Göttinnen und Göttern. Allerdings war ihr Zugang zu diesen Gottheiten ein ganz anderer. Die Mesopotamier mussten hoffen und beten, dass die extrem brutalen Kräfte der Natur sie ebenso verschonten wie die Angriffskriege anderer. Die Flüsse Euphrat und Tigris, an deren Ufern zahlreiche Städte lagen, konnten jederzeit Überschwemmungen verursachen, außerdem lagen diese Stadtstaaten häufig miteinander im Krieg. Folglich betrachteten sie ihre Gottheiten eher als launische und rachsüchtige Wesen, die man besänftigen musste und vor denen Priester um Gnade winselten, damit sie aufhörten, Chaos zu stiften und das tägliche Leben der Menschen zu erschweren.

Für die alten Ägypter dagegen war das Leben ziemlich entspannt. Sie besaßen in Nordafrika einen Teil des Niltales. Klar trat auch er mal über die Ufer, aber in derart geordneten Bahnen, das die alten Ägypter ihren Kalender daran ausrichten konnten. Ihre Götter waren barmherzig und brachten ihnen Geschenke wie Weisheit und Wahrheit – und das Jenseits war sogar noch herrlicher als das Diesseits. (Natürlich war dieses Maß an Wohlergehen nicht allen vergönnt, beispielsweise nicht den Sklaven, die in der Hackordnung ganz unten standen.) Der Pharao war die irdische Inkarnation des Himmelsgottes Horus und damit auch Repräsentant der Werte des *ma'at*: Harmonie und Ausgeglichenheit in jedem Bereich des Lebens, einschließlich der Gleichberechtigung von Mann und Frau.

Im alten Ägypten basierten die Rechte einer Person auf deren sozialem Status, nicht auf dem Geschlecht; Frauen mit hohem Status konnten wichtige Posten bekleiden und ähnliche Freiheiten sowie denselben Schutz genießen wie Männer ihres sozialen Rangs. Frauen hatten ein Recht auf Bildung, viele waren berühmte Künstlerinnen, Ärztinnen und Unterhaltungskünstlerinnen. So blieb es bis zur Besatzung durch die Griechen im Jahr 332 vor Christus, was sich auch an der großen Zahl von allmächtigen Göttinnen zeigte. Eine der am meisten geliebten Gottheiten (egal ob männlich oder weiblich) war Bastet, die in der Zeit der 2. Dynastie (ab etwa 2890 vor Christus) bekannt wurde. Sie ist eng verwandt mit Sekhme, der wilden, löwenköpfigen Tochter des Sonnengottes Ra und Beschützerin der Pharaos. Sekhmet war animalischer als ihre spätere Personifikation Bastet und agierte als eine Art Auftragskillerin für Ra. Als Ra Sekhmet einmal bat, ein paar Unerwünschte zu beseitigen, geriet sie derart in einen Blutrausch, dass sie gar nicht aufhören konnte, Menschen zu metzeln. Erst als Ra das Bier rot färbte und ihr weismachte, es sei menschliches Blut, brach sie beim Trinken zusammen. Mit der Zeit morphte sie in eine wohlwollende, katzenköpfige Göttin, die Haus und Hof, Fruchtbarkeit und weibliche Geheimnisse beschützt.

Und wie alle wissen, die *Mean Girls – Der Girls Club* geguckt oder Jane Austen gelesen haben, ist es zwischen Frauen manchmal nicht ganz unkompliziert. Bastet war in diesem Sinne zwar eine Ikone, die anderen Frauen vielleicht nicht immer den Rücken freihielt, aber dennoch das häusliche Leben beschützte und böse Geister sowie Krankheiten abwehrte, besonders solche, die Frauen und Kinder bedrohten. Ihr waren übrigens auch Parfüm und euphorisierende Düfte zugeordnet.

Die Ägypter liebten Katzen, und zwar sehr. Es gibt sogar wissenschaftliche Vermutungen, dass im alten Ägypten ein Gesetz existierte, das allen, die eine Katze töteten – und sei es aus Versehen – die Todesstrafe verhieß.* Was hätten die Ägypter für einen Spaß an Katzenbildern und Lolcats gehabt! Katzen wurden damals aber nicht nur als Kuscheltiere geliebt, vielmehr wurden sie im alten Ägypten verehrt, weil sie Mäuse und Schlangen töteten, die sonst Krankheiten ins Haus gebracht und die Ernte vernichtet hätten. Außerdem waren sie wohl auf Jagdausflügen nützlich, was mehr ein Beleg für die Skills ihrer ägyptischen Halter ist, die tatsächlich in der Lage waren, Katzen zu hüten. Die Katzen aber in Bastets Tempel in der Stadt Bubastis, von dem heute nur noch Ruinen übrig sind, wurden besonders geschützt und nach ihrem Tod stylisch mumifiziert.

Über Bastets Mut und ihren Schutz für Frauen gibt es viele Geschichten, in unserer Lieblingsgeschichte aus dem altägyptischen Geschichtenzyklus um Prinz Setna gibt sie ein mahnendes Beispiel ab: Der impulsive junge Prinz Setna stieg in eine Grabstätte ein, um nach einem magischen Buch zu suchen und es zu stibitzen. Die Geister, die es beschützten, stellten sich ihm entgegen, er ignorierte jedoch ihre Bitten und schnappte es sich trotzdem. Kurz danach erblickte er eine zum Sterben schöne Frau: Taboubu, eine Priesterin der Bastet. Gleich auf den ersten Blick war er ihr sexuell verfallen, magisch angezogen wie eine Katze von Katzenminze. Er schickte ihr eine Botschaft, in der er ihr zehn Goldstücke anbot, wenn sie zu ihm in sein Bett käme. Sie aber unterbreitete ihm das Gegenangebot, in den Tempel zu kommen, in dem sie lebte.

Der total angeturnte Setna stand wenig später vor Taboubus Tür. Bevor er aber mit ihr in die Kiste steigen konnte, verlangte sie, dass er ihr all seine Besitztümer übertrug, quasi ein antiker Ehevertrag. Er stimmte zu, aber dann erklärte sie, alle seine Kinder müssten bei der Unterschrift als Zeugen dabei sein, damit es hinterher keinen Stress vor Gericht gäbe. Er war so aufgekratzt, dass er auch hier einwilligte, und während sie das

* »In der Antike wurden Katzen wie Götter verehrt, sie haben das nicht vergessen.« Terry Pratchett

Dokument unterschrieben, schlüpfte Taboubu in ein transparentes Kleid, das ihn so sehr in den Wahnsinn trieb, dass er sogar zustimmte, auf ihren Wunsch hin alle seine Kinder zu töten. Als sie dann endlich zur Sache kamen, schrie Taboubu plötzlich auf und verschwand – und mit ihr das Zimmer, in dem sie sich befanden, sowie alle seine Kleider. Setna stand nun nackt auf der Straße und sein Penis steckte in einem Tontopf. Genau in dem Moment kam der Pharao vorbei, sah das gesamte Ausmaß seiner Schmach und erklärte ihm, dass er einer Illusion aufgesessen war. Demütig kapierte Setna, dass er das Buch zurückbringen musste und die Geister nicht weiter ärgern durfte.

Wissenschaftler halten Taboubu übrigens für eine Spielart der Bastet, und die Art und Weise, wie sie Setna an der Nase herumgeführt hat, ist im Grunde nichts anderes, als wenn eine Katze mit einer Maus spielt. Die Geschichte entspricht Bastets Rolle als Peinigerin von Menschen, die sich mit den Göttern angelegt haben. Außerdem ist sie eine wichtige Lektion für Männer, Frauen nicht nur als Sexobjekte zu betrachten.

Die Anhänger*innen der Bastet wussten durchaus, wie sie es sich nett machen konnten. Herodot, der altgriechische Geschichtsschreiber, schilderte unglaublich lustig klingende Szenen ihres alljährlich in der Stadt Bubastis gefeierten Festivals. Hunderttausende Männer und Frauen (hauptsächlich Frauen, die ihre Kinder zuhause gelassen hatten) reisten nach Bubastis, tranken, machten krasse Musik und ließen die Hüllen fallen – eine Massen-FKK-Veranstaltung, die das Abschütteln von alltäglichen Normen ebenso symbolisierte wie Bastets Fruchtbarkeitsmächte. Interessanterweise war Bastet bei Männern ebenso beliebt wie bei Frauen, sogar so beliebt, dass die marodierende Armee der Perser einmal vor einem Angriff auf die Ägypter ihr Abbild auf ihre Schilde pinselte – denn sie wussten, dass ihre Gegner es nicht über sich bringen würden, ein Bild ihrer geliebten Bastet anzugreifen.

Überdenken wir daher nochmal unsere Meinung über Katzen-Ladys: Bastet bietet das Optimum an Katzenfreundschaft und Frauenschutz. So eine Massen-FKK-Veranstaltung mag für eine Solidaritätsbekundung vielleicht ein bisschen viel sein (obwohl es wahrscheinlich lustig ist), aber es steckt unleugbar viel Energie darin, zusammenzuhalten und sich gegenseitig zu unterstützen. Besser jedenfalls, als immer denselben Klischees wie »Pick-me« oder »Cool Girl«* anzuhängen. Am besten achten wir auch darauf, mit unserer Gruppenumarmung unterschiedliche Arten von Frauen zu unterstützen, nicht nur die, denen wir sowieso nahestehen. Also, machen wir uns an die Recherche, damit unser Feminismus intersektional wird und wir Tänzerinnen-Emojis an all die tollen Frauen um uns herum verteilen,** machen wir unsere Kolleginnen groß, wenn sie was leisten, ihre Sache gut machen, schenken wir anderen Frauen ein Kompliment für ihr Lächeln, ihren Style oder ihre Klugheit. Und dann lehnen wir uns zurück und schauen zu, wie sie vor Freude schnurren.

* In denen wir dann nicht nur anders als andere Frauen sind, sondern auch Frauen eher nicht mögen, vor Feminismus zurückschrecken, Frauenhass bejubeln – alles nur, um dadurch Macht zu erlangen und als »einer von den Jungs« zu gelten. Ganz schön viel Arbeit!

** Oder wir versuchen es mal mit Bastets eigenem Hieroglyphen-Emoji. (Das erste Symbol in ihrem Namen ist ein Parfümflakon, der ihre Verbindung zu Düften zeigt.)

FORTUNA

und Schmiedin des eigenen Glücks sein

Klassisches Altertum, Italien

Auch bekannt als
Tyche, Eutychia, Nemesis, Fors, Felicitas,
Fortuna Bona (Glück),
Fortuna Muliebris (Schicksal der Frauen),
Fortuna Huiusce Diei (Schicksal des heutigen Tages),
Fortuna Balnearis (Fortuna im Bade),
Fortuna Redux (sichere Rückkehr nach
einer langen Reise – für Soldaten) –
und unter vielen weiteren Namen

Skills
Glück oder Pech bringen,
alle im Ungewissen lassen

Zuständigkeitsbereiche
Die Tüchtigen bevorzugen, Städte bewachen

Die römische Göttin Fortuna hat ihre vielversprechende Karriere wahrscheinlich im alten Italien als Göttin des Ackerbaus begonnen, wo sie für fruchtbare Böden und Reichtum sorgte. Später wurde sie mit der griechischen Glücks- und Schicksalsgöttin Tyche verschmolzen. Sowohl Tyche als auch Fortuna sind als Göttinnen schwer zu greifen, im Grunde ist das Einzige, worauf wir uns bei der Glücksgöttin verlassen können, ihre Unbeständigkeit. Auch wenn das jetzt wenig eingängig erscheint, ist vielleicht die Tatsache, dass wir uns nicht auf sie verlassen können, das Beste, was wir heute von ihr lernen können.

Tyche soll eine der dreitausend Töchter von Okeanos und Thetys gewesen sein, die beide wiederum Teil der göttlichen Familie der Titanen waren. Die Titanen regierten den Kosmos, bis sie von den glamouröseren Olympischen Göttern unter der Führung von Zeus verdrängt wurden. Auch die Darstellungen und Geschichten von Tyche sind voller Zwiespältigkeiten. Mal ist sie gut, mal ist sie böse, aber im Prinzip beständig unbeständig. Wenn sie gute Laune hatte, wurde Tyche als Eutychia, als Glücksbringerin, verehrt, aber wenn nicht, wurde sie der Rachegöttin Nemesis zugeordnet, die es all jenen heimzahlte, die vor lauter Glück im Leben arrogant geworden waren. Denn wenn es etwas gab, was die Götter nicht leiden konnten, dann war es Hochmut.

Tyche und Fortuna wurden als blind beziehungsweise nichtsehend dargestellt, oftmals auch mit Flügeln, um die unverfälschte, flatterhafte Natur des Schicksals zu symbolisieren. Beide haben meistens ein Füllhorn bei sich, in dem all die guten Dinge stecken, die sie bringen können – wenn sie denn wollen. Außerdem besitzen beide ein recht exzentrisches Accessoire: ein Steuerruder als Symbol dafür, wie sie das Schicksal lenken. Auf manchen Darstellungen balancieren sie auf einer Kugel als Zeichen der Wankelmütigkeit des Schicksals. Mit anderen Worten: Glück und Schicksal können uns von einem Moment auf den nächsten buchstäblich den

Boden unter den Füßen wegziehen.* Also, falls jemand noch eine Idee für ein Karnevalskostüm sucht ...

Im Laufe der Glückssträhne des Kriegerkönigs Alexander des Großen im 4. Jahrhundert vor Christus stiegen auch Tyches Beliebtheitswerte mächtig an. Sie war die Schutzgöttin zahlreicher Städte und wurde auf Schmuck und Münzen abgebildet (vielleicht stammt daher ja der Brauch, eine Münze zu werfen und die Götter entscheiden zu lassen).

Genauso blühte der Fortunakult auf, als das Römische Reich im ersten nachchristlichen Jahrhundert einen Lauf hatte und die Welt eroberte. Ungefähr zu dieser Zeit schrieb der Römische Geschichtsschreiber Plinius der Ältere** über ihre Überlegenheit: »In der ganzen Welt nämlich und an allen Orten und zu allen Zeiten und von den Stimmen aller wird allein das Glück (Fortuna) angerufen und genannt, allein angeklagt und allein beschuldigt, allein gelobt, allein bezichtigt und unter Vorwürfen verehrt, als unveränderlich, von vielen als flüchtig, aber auch als blind betrachtet, unbeständig, unsicher, wechselreich und eine Gönnerin Unwürdiger. Ihr wird aller Verlust, aller Gewinn zugeschrieben (...)«***

Fortuna spielt übrigens auch in Roms selbstverherrlichendem Gründungsmythos eine entscheidende Rolle. Der Geschichtsschreiber und Philosoph Plutarch preist Fortunas Verdienste um die Sicherheit von Romulus und Remus. Sie sorgte dafür, dass die Wölfin, die die Jungen säugte,

* Tyche und Fortuna haben einen sehr viel actiongeladeneren Zirkus-Vibe als die anderen Moiren, die berühmten, klassischen Schicksalsgöttinnen. Diese drei alten Dämchen haben ihre Zeit mit sinistren Näharbeiten verbracht und die Lebensfäden von Menschen gesponnen, die sie bei deren Tod abschnitten. Sie sind mehr am großen Ganzen beteiligt als Tyche und Fortuna, denn selbst die anderen Götter mussten sich dem Schicksal ihrer Spinnereien beugen.

** Durch einen grausamen Schicksalsschlag starb Plinius im Jahr 79, als er beim Ausbruch des Vulkans Vesuv versuchte, einige Bekannte zu retten.

*** Anmerkung der Übersetzerin: Diese Übersetzung aus dem Lateinischen stammt aus der Heidelberger Akademievorlesung 127: »Zufall in der Geschichte – Geschichte des Zufalls« von Prof. Dr. Hartmut Böhme am 12. November 2018.

erstens ausreichend Milch hatte und zweitens die beiden nicht aufgefressen hat. Zur Erinnerung: Die Zwillinge Romulus und Remus waren legitime Thronfolger des Königs von Italien, ihr umstürzlerischer Onkel aber wollte sie loswerden. Sie wurden also am Ufer des Tiber ausgesetzt, wo sie elendig zugrunde gehen sollten, aber von der berühmten Wölfin gerettet wurden. Noch heute kann man sich überall in Rom auf allerlei Souvenirs anschauen, wie sie sie gesäugt hat. Als die Jungs groß waren, wanderten sie zu den sieben Hügeln, die heute zu Rom gehören, und gründeten eine eigene Stadt, allerdings konnten sie sich nicht auf einen Namen einigen. Irgendwann eskalierte der Geschwisterstreit, Romulus tötete Remus, und so entstand Rom.* Offenbar war es der gute alte Romulus, der in diesem entscheidenden Augenblick Fortuna und das Glück auf seiner Seite hatte.

Der römische König Servius Tullius, der Rom im sechsten vorchristlichen Jahrhundert regierte (mehrere hundert Jahre bevor das Römische Reich entstand), ließ einen der ersten Fortuna-Tempel errichten. Tullius' Mutter war noch Sklavin gewesen, er aber heiratete die Tochter des Königs. Aufsteigergeschichten wie diese wurden auch von Bürgern geliebt, die weniger vom Glück begünstigt waren. Kein Wunder, dass die Sklaven Fortuna liebten, denn sie konnte einem womöglich auch dann Glück bringen, wenn die Chancen mehr als schlecht standen. Ebenso hatten berufstätige Frauen und Prostituierte eine besondere Feier für eine besondere Fortuna etabliert, und zwar für die Fortuna Virilis (Glück der Männer): Am ersten April eines jeden Jahres trafen sie sich in den öffentlichen Bädern für Männer und gönnten sich dort eine Art geheimen Spa-Tag.

Fortuna ist übrigens nicht bloß die Göttin der Gewinner, sie wurde auch verantwortlich gemacht, wenn mal alles so richtig aus dem Ruder lief. Rom hat im Lauf der Zeit viele Plünderungen über sich ergehen lassen müssen, die erste jedoch (durch die Gallier) war wohl die erschreckendste.

* Wäre der andere Zwilling als Sieger aus dem Bruderzwist hervorgegangen, hieße die Stadt heute Rem, was nur halb so gut klingt.

Die Römer hatten damals, um 390 vor Christus, ihren furchterregenden Kampfstil noch nicht so richtig perfektioniert, weswegen sie relativ tatenlos zugucken mussten, als die schrecklichen gallischen Krieger durch die Stadt marodierten, vergewaltigten und plünderten. Schlussendlich boten die Römer ihnen tausend Pfund Gold, damit sie aufhörten und endlich abhauten. Der Geschichtsschreiber Livius schrieb über seine unvorbereitete Stadt: »So groß ist die Verblendung, die das Schicksal den Menschen auferlegt, wenn es will, dass seine Macht ohne Widerstand zur vollen Entfaltung kommt.«

Es ist wirklich interessant, wie gut die Ikonografie der Fortuna die Jahrhunderte überlebt hat, unter all den klassischen Göttinnen beweist sie erstaunliches Stehvermögen. Sie verschwand nicht einfach, als das Christentum die Stadt überrollte und im Mittelalter alles dominierte, sondern sie tauchte in Kunstwerken immer wieder mit ihrem schicken, auf Zufälle programmierten Schicksalsrad auf. Die Vorstellung von göttlicher Vorsehung gibt es übrigens in vielen verschiedenen Religionen: Kisshōten aus Japan wird häufig mit einer praktischen Wunscherfüllungs-Perle abgebildet, und die thailändische Glücksgöttin Nang Kwak trägt einen Sack voll Gold. In der Hoffnung, dass sie für gute Geschäfte sorgen wird, werden in Läden Nang-Kwak-Statuen aufgestellt. Beide sind mit der Göttin Lakshmi verwandt, die sich im Hinduismus, Jainismus und Buddhismus findet. Sie steht ebenfalls für Reichtum und Glück und hält eine Lotosblüte in den Händen. Man feiert Lakshmi übrigens beim alljährlichen Diwali-Fest.

Auch heute noch ist Fortuna das Symbol unserer größten Hoffnungen, Wünsche, Träume und Ängste – und Zeichen der Unvorhersehbarkeit dessen, was vor uns liegt. Es gibt aber auch eine andere, proaktive Weise, wie wir über Glück nachdenken können, eine, die anerkennt, welchen Anteil wir selbst an unserem Schicksal haben. Glück wird oft als zufallsabhängiger Erfolg oder Misserfolg definiert, tatsächlich aber wird unsere Zukunft dadurch beeinflusst, wie wir mit dem umgehen, was uns in den Weg gelegt wird. Wir können aus eigenem Antrieb zu Glück kommen, indem wir mutig sind, Risiken eingehen, Chancen wahrnehmen und keine Angst vor dem Scheitern haben.

Das Leben steckt voller Entweder-Oder-Momente, in denen alles anders gekommen wäre, hätte man nicht gewürfelt oder das Schicksalsrad gedreht. Das Treffen mit der Frau, über deren Schuhe wir anfangs die Nase gerümpft haben? Was, wenn sich herausstellt, dass sie das Beste ist, was uns je passiert ist? Diese seltsame Bewerberin für einen Job in unserem Team? Was, wenn sie kommt, alles auf den Kopf stellt und es besser ist als vorher? Es gibt Studien, die belegen, dass Menschen, die sich selbst als glücklich betrachten, tatsächlich auch mehr Glück haben – vielleicht, weil sie alles, was passiert, als Chance betrachten. Das Leben kann ätzend sein, deswegen sollten wir nehmen, was wir kriegen können. Lasst uns flexibel und geschmeidig bleiben, immer darauf gefasst, Fehler zu machen. Und wenn wir mal so eine richtig dicke Pechsträhne haben, sollten wir daran denken, dass sich das Blatt mit größter Wahrscheinlichkeit auch wieder wendet. Oder wie schon Plutarch sagte: »Rasch ist der Schritt der Fortuna, kühn ihr Geist, und überheblich ihre Hoffnungen.«

WHITE BUFFALO CALF WOMAN

und Respekt

Lakota, Nordamerika

Auch bekannt als
Pte San Win, White Buffalo Woman,
Weiße Büffelfrau

Skills
Weisheit, Kommunikation,
Einsatz der Todeswolke,
Weissagung

Zuständigkeitsbereiche
Heilige Rituale, Büffel, Die vernetzte Welt

Respekt ist ein Prinzip, das in diesen Zeiten gespaltener Gesellschaften unbedingt vermittelt werden muss. Vielleicht denken einige bei diesem Wort eher an einen Vater aus dem vorvergangenen Jahrhundert, der erwartet, dass seine Kinder ihn siezen, oder an Politiker, die »bei allem Respekt« sagen, aber genau das Gegenteil meinen. Tatsächlich aber sprechen wir von etwas, das weit über gutes Benehmen hinausgeht. Das Wort Respekt beschwört sowohl kuschelige Ideen wie Dankbarkeit, Wertschätzung und Vertrauen herauf als auch stählerne wie Bewunderung, Ehre, Hochachtung. Unsere Gesellschaft glaubt häufig, wir seien hinsichtlich der Menschenrechte schon weit gekommen, wenn es darum geht, die Rechte von Frauen, von Kindern, von LGBTQI+-Personen, People of Colour oder beeinträchtigten Menschen zu respektieren, aber wir haben noch einen weiten Weg vor uns. Auch was unsere Achtung vor nichtmenschlichem Leben auf diesem Planeten betrifft, haben wir einiges aufzuarbeiten.

Die Weiße Büffelfrau »White Buffalo Calf Woman« ist eine mythologische Figur, deren Geschichte in mehrfacher Hinsicht von Respekt handelt, persönlichem gemeinschaftlichem, spirituellem und ökologischem. Für die Lakota in Nordamerika ist sie eine übernatürliche Weissagerin, ihre Geschichte taucht aber auch in den Mythen anderer indigener Völker auf, die ebenfalls in den Great Plains und damit etwa in der geografischen Mitte der heutigen USA leben. Zum ersten Mal erschien White Buffalo Calf Woman vor mehreren hundert Jahren, um ihre Weisheit zu teilen, und versprach, in Zukunft zurückzukehren.*

* Mythologie-Nerds bezeichnen Figuren, die Menschen wichtige Dinge über die Welt erklären und diese oftmals vor Katastrophen bewahren, als »Kulturheld*innen«. Jesus und König Artus gehören ebenfalls zu jenen, die wie White Buffalo Calf Woman laut Prophezeiung zurückkehren werden – was ein interessanter Abend werden könnte, wenn alle gleichzeitig kämen. Kulturheldinnen sind seltener als männliche Helden, aber aus diesem Buch gehören auf jeden Fall die Wawilak-Schwestern und Sedna in diese Kategorie.

Diese Geschichte ist noch immer Teil der ebenso ergiebigen wie lebensnotwendigen Tradition mündlicher Überlieferung und wird von Generation zu Generation weitergetragen.

Es gibt keine gemeinsame indigene Mythologie Nordamerikas, denn die Länder und Völker, die wir unter diesem Begriff zusammenfassen, sind sehr unterschiedlich und individuell: Bevor die ersten Weißen ankamen, gab es in Nordamerika mehr als 400 verschiedene Kulturen und Sprachgruppen, und noch heute bestehen allein in den USA 574 staatlich anerkannte Stämme. Da die frühen englischen Aufzeichnungen mündlich überlieferter Erzählungen erst angefertigt wurden, nachdem sich Kolonialismus und Christianisierung ihren Weg gebahnt hatten, können sie gar nicht die gesamte Bedeutung der White Buffalo Calf Woman für die Lakota rüberbringen.

Denn auch wenn es in vielen Schulbüchern kaum erwähnt wird: Der amerikanische Kontinent war schon lange vor der Ankunft von Christoph Kolumbus im Jahr 1492 bewohnt. Die Urvölker des amerikanischen Kontinents haben dort seit mehr als 15 000 Jahren gelebt und viel zu unserem heutigen Leben beigetragen. 60 Prozent der Nahrungsquellen der ganzen Welt stammen von Pflanzen, die erstmals von ihnen angebaut worden sind, was ziemlich atemberaubend ist. Die Vorstellungen, die sich Außenstehende vom Leben der indigenen Amerikaner gemacht haben, konzentrieren sich jedoch auf die Interaktionen mit den europäischen Amerikanern, die Jahrhunderte voller Konflikte und Unterdrückung mitbrachten, nachdem sie den »neuen Kontinent entdeckt« hatten. Seit dem ersten Kontakt ist man in den heutigen USA der indigenen nordamerikanischen Kultur stets mit massiver Respektlosigkeit gegenübergetreten: Im 19. Jahrhundert waren es Kriegsverbrechen, mehr als 500 Vertragsbrüche auf Regierungsseite, Gebietseinmärsche und Zwangsumsiedlungen, im 20. Jahrhundert eine Politik der gewaltsamen Assimilierung, religiösen Unterdrückung und Trennung von Familien – und noch immer gibt es Diskriminierungen sowie simplifizierte und veraltete Darstellungen in den Medien. Es ist in der

Tat schwierig, Fernsehsendungen oder Filme zu finden, in denen amerikanische Ureinwohner überhaupt eine Rolle spielen. Erst kürzlich hat eine Studie des First Nations Development Institute mit mehr als 13 000 Teilnehmer*innen ergeben, dass das größte Hindernis für das Verständnis zwischen indigenen und nichtindigenen Gemeinschaften darin liegt, dass die Erfahrungen und Sorgen der heutigen amerikanischen Ureinwohner in Bildung und Medien so gut wie gar nicht vorkommen.

Die Europäer kamen erstmals Mitte des 16. Jahrhunderts mit den Völkern der Great Plains in Kontakt, doch erst nachdem der Pelzhandel zunahm und immer mehr Pioniere nach Westen zogen, strömten auch Reisende und Siedler ohne Zustimmung der Lakota in deren Land. Als es logischerweise zu Konflikten kam, wurden Verträge zwischen der US-Regierung und den örtlichen Stämmen unterzeichnet, unter anderem jener, der den indigenen Völkern das Gebiet der Black Hills auf ewig zusicherte. Das hielt General Custer aber nicht davon ab, Anno 1874 dort aufzukreuzen und mal nachzusehen, ob in diesen Hügeln nicht vielleicht doch ein bisschen Gold steckte. Sein Erfolg führte dazu, dass die Regierung die Augen vor dem Zustrom von Goldgräbern verschloss, die zu tausenden in das Land der Lakota kamen und es einfach umgruben.

Von diesem Zeitpunkt an war die US Army zunehmend aggressiv darum bemüht, die Siedler dabei zu unterstützen, die amerikanischen Ureinwohner aus dem Land ihrer Vorfahren zu vertreiben und sie in Reservate einzusperren, nicht selten weit entfernt von ihrer Heimat und in menschenfeindlicher Umgebung. Es wurde ihnen außerdem verboten, viele ihrer heiligen Rituale durchzuführen. Die daraus resultierenden Konflikte in den Black Hills führten 1876 zur Schlacht am Little Bighorn (oder auch Battle of Greasy Grass), in der Custer und sein Regiment versuchten, mehrere Gruppen in Reservate zu drängen, jedoch von den indigenen Kämpfern geschlagen wurden, darunter Sitting Bull, dem berühmten Krieger der Lakota. Die folgenden Widerstandskriege in den Great Plains endeten im Dezember 1890 mit dem grausamen Massaker am Wounded Knee, bei dem hunderte von Lakota, darunter viele Frauen und Kinder, von der US Army ermordet wurden.

Eine Strategie, die Lakota in Reservate zu zwingen, war die, ihnen den Zugang zu Nahrung zu verweigern, sodass sie am Ende nur die Wahl hatten zwischen Verhungern und Jasagen. Die Regierungsarmeen schlachteten die Büffel nämlich so gründlich ab, dass 1890 von den Millionen von Tieren nur noch ein paar hundert übrig waren. Damit waren die Büffel so gut wie ausgestorben und den Lakota fehlte ihre wichtigste Ressource, aus der sie Nahrung und Ausrüstung gewannen. Dies brachte nicht nur eine große Veränderung für das Ökosystem der Great Plains mit sich, sondern setzte den Lakota sowohl physisch wie auch psychisch zu, denn die Büffel waren ihnen heilig. Sie verehrten die Büffel rituell aus mehreren Gründen: dafür, dass sie ihnen erlaubten sie zu jagen, um sich zu ernähren und zu versorgen; dafür, dass sie gewaltige körperliche Kräfte besaßen (was wiederum demjenigen entsprechendes Prestige einbrachte, der sie gekonnt jagte); und schließlich aufgrund ihrer Verbindung sowohl zu den Menschen wie auch zu Wakan Tanka (meist als Großer Geist übersetzt), der in allen Aspekten des Universums wohnt.

Die Geschichte der White Buffalo Calf Woman verdeutlicht noch einmal die tiefe Verbindung, die zwischen den Lakota und den Büffeln besteht. In der Sage geht es darum, dass die Itazipcho, eine Gruppierung der Lakota, in Zeiten der Not Nahrung suchten und durchs Land zogen. Zwei Kundschafter begegneten einer Frau mit auffälligen Augen und einem Kleid aus weißem Büffelfell. Sie schien in ihre Richtung zu schweben und trug ein Bündel und einen Bund Salbei bei sich. In ihr Gesicht waren rote Striche gemalt und in ihr Haar war Büffelfell eingeflochten. Einer der beiden Kundschafter fand sofort Gefallen an ihr und stürmte, trotz der Warnung seines Gefährten, auf sie zu. Augenblicklich senkte sich eine schwarze Wolke herab und hüllte sie alle ein. Als sie sich wieder lichtete, waren seine Knochen alles, was von dem Angreifer übriggeblieben war; er war von Klapperschlangen aufgefressen worden. White Buffalo Calf Woman beruhigte den verbleibenden Kundschafter und trug ihm auf, sein Volk auf ihre Ankunft vorzubereiten.

Die Itazipcho bauten, wie gewünscht, ein spezielles Tipi und einen Altar für White Buffalo Woman, begrüßten sie bei ihrer Ankunft mit respektvoller Gastfreundschaft und boten ihr Wasser an, wesentlich mehr hatten sie selbst nicht. Im Gegenzug zeigte sie ihnen die *chanunpa*, die heilige Pfeife, die von da an zum heiligsten Kultgegenstand der Lakota wurde. (Diese *chanunpa*, die sie von der White Buffalo Calf Woman erhalten hatten, wurde von Generation zu Generation weitergereicht und ist heute in den Händen von Chief Arvol Looking Horse. Chief Looking Horse ist ein gefeierter Aktivist, er traf 2019 gemeinsam mit der jungen Lakota-Aktivistin Tokata Iron Eyes die Schwedin Greta Thunberg.) White Buffalo Calf Woman lehrte sie auch weitere wichtige Zeremonien, die noch heute praktiziert werden. Sie lobte die Männer, Kinder und Frauen der Itazipcho und sagte den Frauen: »Ihr stammt von der Mutter Erde ab, was ihr tut, ist ebenso wichtig wie das, was die Krieger tun« und unterstrich damit die Einheit der zusammenwirkenden Gemeinschaft und auch die Einheit aller Schöpfung. »Wakan Tanka lächelt uns zu, denn wir sind nun eins: Erde, Himmel und alles, was lebt, auf zwei Beinen, vier Beinen, mit Flügeln und auch die Bäume und die Gräser. Alle sind mit den Völkern verwandt, alle sind eine Familie«, sagte sie. Dieses Prinzip der Vernetzung steht im Kern des Denkens der Lakota.

Als sie aufbrach, ging White Buffalo Calf Woman in den Sonnenuntergang hinein und wandelte viermal ihre Gestalt, erst in ein schwarzes Büffelkalb, dann in ein braunes, ein rotes und schließlich ein weißes. Weiße Büffel sind extrem selten und werden seitdem als Vorboten von White Buffalo Calf Womans Rückkehr gesehen, die Harmonie in die Welt bringen wird. Den gegenseitigen Respekt zu kultivieren, ist eine Möglichkeit für uns, dieser Harmonie entgegenzustreben.

White Buffalo Calf Woman verlangte nicht nur ihrer eigenen physischen Person gegenüber Respekt, sondern sie bat die Menschen, die sie besuchte, auch darum, sowohl die Leistungen der anderen als auch die heiligen Riten, die alle gemeinsam an die Schöpfung binden, zu respektieren. Von ihrer Botschaft, die zwar an eine ganz bestimmte Gemeinschaft gerichtet war (und von dieser in hohen Ehren gehalten wird), können wir alle lernen, vor allem die Hoffnung auf eine bessere Zukunft. Und zwar, indem wir sowohl unserer Umwelt wie auch einander größeren Respekt zollen.

Wir leben in Zeiten, in denen öffentlich so erbittert diskutiert und mit aller Macht so sehr an einer Meinung festgehalten wird, dass es manchmal schwerfällt zu erkennen, was uns eigentlich wirklich verbindet. Es braucht Disziplin und Besonnenheit, um unvoreingenommen respektvoll aufeinander zuzugehen. Wenn wir das nächste Mal versucht sind, direkt loszuballern oder uns auf Social Media einem Shitstorm anzuschließen, denken wir lieber an die Botschaft von White Buffalo Calf Woman, atmen tief durch und zeigen Respekt.

BABA JAGA

und kompromisslos sein

Slawisch, Russland

Auch bekannt als
Baba Yaga, Waldfrau

Skills
Menschen auf die Probe stellen, Kinder rauben, Räume krass gestalten, Leute zu Tode erschrecken, Fliegen, Mit Menschen kochen

Zuständigkeitsbereiche
Jahreszeiten, Wald, Tod, Okkultismus

Wild, nachlässig, schlangenhaft, ekelhaftes Haar: Jawohl. Riesige Hakennase, die der Sage nach an der Decke schrappte, wenn sie schlief: Klar. Fliegender Mörser und Stößel als übernatürliche Transportmittel: Unbedingt! Ein Haus, umgeben von einem Zaun aus glühenden Totenschädeln, das auf riesigen, wackligen, tanzenden Hühnerbeinen hockt und dafür bekannt ist, gerne mal diejenigen aufzuschlabbern und zu verschlingen, die kommen und um Rat fragen: Zur *Hölle*, ja! Baba Jaga, die berühmte Hexe aus den russischen Sagen, lebt nach ihren eigenen Regeln und entschuldigt sich bei niemandem.

Das Wort »Entschuldigung« ist inzwischen sehr stark aufgeladen. Und wir alle tragen Schuld daran, dass es ständig benutzt wird. Etwa, wenn wir

um Verzeihung bitten, wenn uns jemand auf den Fuß tritt oder unseren Geldbeutel klaut (passiert in England wirklich, haben wir schon erlebt). Wir behaupten gar nicht, dass Männer unfähig sind, dieses Wort auszusprechen, aber Frauen benutzen es häufiger, was bedeutet, dass bei unserem Hang zum schnellen Entschuldigen eine dunkle Macht im Spiel ist.

Der böse Zwilling des »Entschuldigung« heißt »wenn nicht, ist auch nicht schlimm«, was häufig, und wieder hauptsächlich von Frauen, als Ausdruck unbekümmerter Bescheidenheit benutzt wird. Eigentlich aber ist es mehr ein Schutzmechanismus, mit dem wir Ablehnungen vorbeugen. »Also, ich hätte natürlich schon gerne die versprochene Gehaltserhöhung und ich habe mir dafür echt den Arsch aufgerissen - aber wenn nicht, ist es natürlich auch nicht schlimm.«; »Wir wohnen ja jetzt drei Jahre zusammen und teilen alles, da würde ich schon gerne deine Eltern kennenlernen - aber wenn nicht, ist auch nicht schlimm.«; »Es ist echt lange her seit wir das letzte Mal zusammen in einer Bar waren, Weinchen getrunken und über alles geredet haben, aber ich verstehe natürlich, dass du keine Sekunde ohne deine Kinder sein willst. Also, wenn nicht, ist auch nicht schlimm.« Worte haben nun einmal Macht. Manche Phrasen federn diese Macht zwar ab, können andererseits aber auch zur selbsterfüllenden Prophezeiung werden: Mangelndes Selbstbewusstsein darzustellen, zieht möglicherweise genau das nach sich.

Eine Baba Jaga hat mit solchen Sprüchen natürlich nichts am Hut. Sie ist eine sagenhaft schreckliche Hexe, die mit ihrer treuen Dienerschaft - drei Paar körperlosen Händen - in Alleinlage in ihrem ureigenen, prachtvoll morbiden Designhaus im Wald lebt.

Baba Jagas Würde ist nicht an andere gebunden, sie führt auch keine romantischen Beziehungen: Obwohl sie der Sage nach drei Töchter hat, ist von einem Vater nie die Rede. Sie lehnt alle gängigen Schönheitsvorstellungen und Zwänge ab. Sie ist die geborene Umstürzlerin, denn bei Baba Jaga werden selbst Küchengeräte zu Waffen, denken wir nur an ihre gigantischen fliegenden Mörser und Stößel. Alltägliche Haushaltsdinge normaler Frauen werden bei ihr mächtig und furchteinflößend. Sie ist einfach herrlich anders.

Baba Jaga ist eine Gestaltwandlerin, der jede Form von Schubladendenken widerstrebt. Sie tritt mal als Schlange, mal als Vogel auf, und zur Erntezeit lebt sie als Zeichen der Fruchtbarkeit in der allerletzten Getreidegarbe. Sie ist die wilde Waldfrau und eine »Herrin der Tiere« wie die griechische Göttin Artemis (bloß weniger schick). In Erzählungen wird Baba Jaga entweder als mütterliche Mentorin dargestellt oder als blutrünstige Schurkin* – und auch hier ist sie wieder eine ungewöhnliche Sagengestalt, denn sogar der Archetypus verändert sich. In der berühmtesten Geschichte »Wassilissa, die Wunderschöne« nimmt sie zwei Rollen gleichzeitig ein. Wassilissa ist eine Art Aschenputtel oder Cinderella, auch ihre Mutter starb, als sie noch klein war. Auf dem Sterbebett gab sie ihrer Tochter eine besondere Puppe und versprach, dass diese sie leiten werde. Wassilissas Vater heiratet schnell wieder und ihre böse Stiefmutter (ein ergiebiger Märchenarchetypus, mit dem wir locker ein weiteres Buch füllen könnten) bringt ihre zwei Töchter mit in die Ehe. Alle drei hassen die nette und reizende Wassilissa, sie behandeln sie schlecht und planen schließlich, sie umbringen zu lassen.

Als Wassilissas Vater einmal beruflich unterwegs ist, führt die Stiefmutter die drei Mädchen an den Rand eines Birkenwaldes. Sie behaupten, zuhause sei das Feuer ausgegangen, und schicken Wassilissa tiefer in den Wald hinein. Sie soll dort Baba Jaga um einen Funken bitten, damit die Familie überlebt – wohl wissend, dass die meisten, die die Hexe aufgesucht haben, in deren Topf gelandet sind. Wassilissa fürchtet sich schrecklich, aber ihre Zauberpuppe führt sie durch den gespenstischen Wald. Bei Baba

* Der Auftragsmörder, den Keanu Reeves in den John-Wick-Filmen spielt, wird auch Baba Jaga genannt. Und gleich ist da diese Angst vor etwas übernatürlich Gruseligem, mit dem man Kindern droht, wenn sie sich schlecht benehmen. Irgendwie rührend, dass die Filmemacher dachten, eine alte Frau sei das Schrecklichste, wovor sich ein durchtrainierter Mörder fürchtet.

Jaga angekommen, erhält sie von dieser mehrere schier unlösbare Aufgaben: Unter anderem soll sie aus einem Dreckhaufen eine Million Mohnsamen herauszählen. Mithilfe der Zauberpuppe gelingt ihr das aber. Als sie den Auftrag erfolgreich ausgeführt hat, wird Wassilissa von Baba Jaga aus dem Haus gejagt. Im Gepäck hat sie neuerworbenes Wissen, den Mut, Fragen zu stellen, und einen dieser glühenden Totenköpfe aus Baba Jagas bizarrer Dekoabteilung.

Daheim erschrickt ihre Familie fürchterlich darüber, dass sie es lebendig zurückgeschafft hat, aber sie versuchen sich nichts anmerken zu lassen und scharwenzeln um die tapfere Wassilissa herum. Der Totenkopf aber durchschaut die drei, erkennt ihre wahre Natur und verbrennt sie. Als Wassilissa am nächsten Morgen erwacht, liegen neben ihr drei Aschehäufchen. Aus den Fesseln ihrer blutsaugerischen Familie befreit, heiratet Wassilissa am Ende den Zaren. Drunter machen wir's nicht.

In dieser Geschichte tritt Baba Jaga sowohl als Wassilissas Nemesis wie auch als Retterin in deren Initiationsritus auf. Wassilissa wird von der eingeschüchterten Dienerin zur feuerschwingenden Akteurin der Vergeltung – und Baba Jaga, so furchterregend sie ist, hat diesen Prozess erst ermöglicht. In einigen Interpretationen steht die Puppe für Wassilissas Instinkt: Sie muss lernen, auf ihn zu hören, statt widerspruchslos und sich entschuldigend ihr Schicksal hinzunehmen. Baba Jaga drängt sie in eine Position alleine in der Wildnis, in der sie darauf angewiesen ist, auf ihr Bauchgefühl zu hören.

Was können wir also von der furchterregenden und unerschrockenen Baba Jaga lernen? Dass sie sich weigert, jegliche soziale Normen zu akzeptieren, und sich schon gar nicht dafür entschuldigt, dass sie ist, wie sie ist, macht Baba Jaga zur besten Art von Hexe: Sie ist sehr weise, sehr mächtig und sehr gefährlich. Statt also »Entschuldigung« als Ausstiegsklausel zu verwenden, werden wir zu unseren Fehlern stehen und Lösungen anbieten. Eine gute Übung ist es, das Wort im Job nicht mehr zu verwenden, vor allem nicht in Mails. Statt »Bitte entschuldigen Sie, dass ich das Dokument nicht angehängt habe« schreiben wir »Das Dokument war nicht angehängt, ich reiche es Ihnen hiermit nach«. Wir müssen lernen, uns nicht selbst kleinzumachen. Wir werden aufhören, uns für unser Alter, unsere Figur oder unsere Leistung zu entschuldigen. Wir werden nicht mehr sagen, »ach, dieses alte Ding« und »so toll ist es doch gar nicht«, sondern uns die Dinge zu eigen machen. Es *ist* mühsam, richtig gut im Job zu sein, Freundschaften aufrecht und Beziehungen am Laufen zu halten, es *ist* schwer, Arbeit und Privatleben unter einen Hut zu bringen. Wir sollten uns nicht dafür entschuldigen. Stattdessen wird Baba Jaga unser neues #lifegoal: cooles Hexenwerk.

APHRODITE

und das Wissen über die Liebe

Klassisches Altertum, Griechenland

Auch bekannt als
Venus (im alten Rom), Kythireia (auf der Insel Kythira geboren),
Kypria (vielleicht auch auf Zypern geboren),
Urania (himmlisch), Aphrodite Pandemos (die für alle da ist),
Aphrodite Philommeides (die hold Lächelnde),
Chrysi (die Goldene), Euploia (die gute Seefahrt verheißt),
Kallipygos (die mit dem schönen Po) und viele mehr

Skills
Partnervermittlung, tolles Aussehen, Überredungskunst,
Durcheinander verursachen

Zuständigkeitsbereiche
Liebe, Fruchtbarkeit, Sex, Lust, Sexarbeiter*innen,
Schönheit, Meer, Rom

Die geliebte Aphrodite gehört zu den berühmtesten Göttinnen der Welt. Wenn wir jemanden als »Göttin« bezeichnen, haben wir fast immer Aphrodite vor Augen. Maler und Bildhauer sind jahrhundertelang nicht müde geworden, Aphrodites legendäre Schönheit und Sexyness abzubilden. Bedenkt man, wie beliebt sie als Studienobjekt für männliche Künstler war, wurde sie quasi eine Art Ausrede dafür, nackte Frauen zu malen. Aber zugegebenermaßen ist die Liebe – die ja in ihren Kompetenzbereich fällt – für uns Menschen schon immer ein faszinierendes Thema gewesen, kaum ein Buch, Film oder Lied, das nicht davon handelt. Und Aphrodite selbst, eine Personifikation der Macht der Liebe, zieht immer: Kylie Minogue hat ein Album nach ihr benannt, Lady Gaga hat über ihre römische Variante Venus gesungen, und die Taube, die ihr zugeordnet wird, ziert eine weitverbreitete Seifenmarke. Weitere Anspielungen auf ihren Sohn Eros, den mutwilligen Bogenschützen, finden wir am 14. Februar überall – mit den Pfeilen, die auf Valentinskarten Herzen durchbohren.*

Der Aphroditekult ist nach Meinung etlicher Wissenschaftler*innen als Variante des sumerischen Inanna-Kultes aus Mesopotamien nach Griechenland gelangt, eine Göttin, die ebenfalls Tauben und Sex liebte. Die Beschreibung Aphrodites als hyperfeminine Göttin wird oft als Vereinfachung ihrer ursprünglichen antiken Form gesehen, in der sie dem Krieg zugeordnet war und hauptsächlich als Göttin galt, die so viel Macht besitzt, dass sie Menschen in sexuelle Beziehungen führen und vereinen

* Eros herrscht über das Verlangen, weswegen man auch von »erotischen Spielfilmen« spricht. Zu seiner amourösen Jungstruppe, den Eroten, gehörten Anteros (gegenseitige Liebe), Pothos (Sehnsucht) und Himeros (wildes Verlangen). Wahrscheinlich gab es etliche mehr, zum Beispiel Metheros (besoffenes Verlangen), Plexeros (gelangweiltes Verlangen) und Phoberos (nicht-sonderlich-verliebtes Verlangen) – okay, die letzten drei haben wir uns ausgedacht.

konnte. Ihr Image aber hat sich im Lauf der Zeit verändert, durch Literatur ebenso wie durch die Anhänger ihres Kultes. Und nun ist sie also eine vielseitige Göttin.

Der Mythos ihrer eher ungewöhnlichen Geburt aber ist eine der berühmtesten Storys: Der Titan Kronos stürzte gerade Uranos, den ursprünglichen König der Götter (nur um danach selbst von seinem eigenen Sohn Zeus gestürzt zu werden – nette Familien!). Dabei schnitt Kronos dem Uranos wenig feinfühlig den Sack ab und warf diesen ins Meer. Aus dem Schaum, der entstand, als Uranos' Kronjuwelen ins Wasser fielen, entstieg die wunderschöne Göttin, die wir von Botticellis berühmtem Gemälde kennen: Die welligen Haare vom Wind zerzaust, segelte sie mit perfekter Strandmähne sanft auf einer Muschel an Land. (Klar, dass sich der Renaissancemaler diesen Moment von Aphrodites Ankunft als Motiv ausgesucht hat und nicht den weniger pittoresken kurz zuvor.)

Aphrodite gehörte auch zur Elite der zwölf olympischen Götter* und tauchte in zahlreichen Mythen auf, die meistens beweisen, wie raffiniert sie es hinbekommt, entweder ihren Willen durchzusetzen oder Ärger zu machen. Genauso wie sich der Effekt von Liebe und Verlangen einerseits und deren oft chaotische Folgen andererseits gegenüberstehen.

* In beliebiger Reihenfolge: 1. Zeus, Serien-Vergewaltiger und Göttervater mit Blitz; 2. seine Frau Hera, allgemein bekannt als ziemliche Zicke, hatte aber ihre Gründe dafür; 3. Athene, Göttin der Weisheit, des Krieges und bekannt dafür, ihre Frau zu stehen (siehe Seiten 17–22); 4. Poseidon, dreizackschwingender, sturer Meeresgott; 5. Hephaistos, invalider Gott der Vulkane und der Schmiedekunst; 6. Artemis, einzelgängerische Mondgöttin der Jagd; 7. ihr Zwillingsbruder Apollon, leistungsstarker Gott der Wahrheit, Künste, Heilkunst und der Meinung, besser zu sein als wir; 8. Ares, Supersportler und Gott der Gewalt (einer von diesen Wolverine-Hulk-Typen mit Problemen bei der Impulskontrolle); 9. Demeter, mütterliche Landwirtschaftsgöttin; 10. Hermes, aalglatter Götterbote; 11. Dionysos, versoffener Gott des Lockerbleibens; 12. unsere Aphie. Interessant ist, dass von den fünf weiblichen Olympiern zwei Jungfrauen sind, eine weitere ist muttihaft, eine wird oft als alter Drachen bezeichnet und eine als Nutte. Und damit wäre dann ja für die wichtigsten gestrigen Frauen-Stereotypen, die Männer im Kopf haben, je eine Göttin da.

In einer dieser Geschichten geht es darum, wie Aphrodite mit dem Macho-Kriegsgott Ares herummachte und prompt von ihrem Mann Hephaistos erwischt wurde. Hephaistos war handwerklich sehr geschickt und strickte ein Netz aus Gold, das er über ihrem Bett aufhängte und damit das verbotene Pärchen beim nächsten Mal einfing. Er lud auch die anderen Olympier ein, zu kommen und die beiden auszulachen. Mag also sein, dass die Liebe uns ein paar der peinlichsten Momente unseres Lebens beschert, aber das ist noch lange kein Grund, sie nicht zu suchen (lasst uns aber achtgeben, jemand Besseres zu finden als Ares).

Egal wie weit sich Aphrodite von dem guten Benehmen entfernte, das von den sterblichen Frauen ihrer Zeit erwartet wurde, sie wurde geliebt. Und obwohl sie die ersten Christen damals so schockiert hat, dass diese einige Erzählungen erst einmal umschrieben, betrachten wir Aphrodite heute als Symbol weiblicher sexueller Befreiung. Sie hatte eine Menge Liebschaften und eine Menge Kinder von unterschiedlichen Typen, unter anderen Harmonia (Harmonie), Phobos (Angst) und Demos (Volk) mit Ares, Hermaphroditos mit Hermes (der dann der erste intersexuelle Mensch der Welt wurde) und Priapos (der erste Mensch der Welt, der je an Priapismus gelitten hat) mit Dionysos. Sie war ebenfalls die Mutter des trojanischen Helden Aeneas, der einen sterblichen Vater hatte. Nachdem Troja vernichtet war, segelte Aeneas nach Italien, wo er eine Siedlung gründete, die unter seinem Nachfahren Romulus zu Rom wurde. Aphrodites lateinische Version Venus* war also eine sehr wichtige Göttin für die Römer.

Aphrodite wird häufig als frivole Göttin angesehen. Sie hat wirklich einiges Unheil gestiftet – und wir sehen es vor uns, wie sie bukolische Liedchen trällernd in einem romantischen Molly-Goddard-Kleid alles kurz und klein haut. Attraktive Frauen haben Männern schon immer Angst

* Venus ist genauso liebenswert wie Aphrodite. Bevor sie mit ihrer griechischen Schwester vermischt wurde, mag sie ja im alten Italien als Göttin von Gärten, Frühling und Blümchen angefangen haben, aber heute hat sie die zweifelhafte Ehre, uns den medizinischen Fachausdruck »venerisch« für sexuell übertragbare Krankheiten vermacht zu haben.

gemacht. Allein schon ihre Anziehungskraft macht sie gefährlich (was, wenn sich herausstellt, dass sie nicht dumm ist und einen im Bett meuchelt?). Zu Aphrodites Missetaten gehört auch, dass sie den Trojanischen Krieg auslöste, als sie die verheiratete Helena mit dem Trojaner Paris verkuppelte; dass sie den Damen auf der Insel Limnos üblen Körpergeruch anhängte, weil diese ihre Schreine vernachlässigt hatten; und dass sie Phaedra dazu brachte, sich in ihren eigenen Stiefsohn Hippolytos zu verlieben. All diese Taten hatten fürchterliche Blutfehden zur Folge, was sich in Aphrodites langjähriger Beziehung zum Kriegsgott Ares widerspiegelt. Liebe kann also nicht nur zu fehlgeleiteter Wut oder Gewalt führen, sondern auch deren Lösung sein (ihre Kinder heißen ja nicht umsonst »Angst« und »Harmonie«). Nicht einmal die Liebesgöttin selbst war gegen ihre eigene leidbringende Macht immun, wie wir aus der berühmten Geschichte über ihre leidenschaftliche Beziehung zum sterblichen Adonis wissen.

Adonis war der tollste Mann überhaupt, darüber sind sich alle Quellen einig, und Aphrodite hat sich Hals über Kopf in ihn verliebt. Sie erlebte den Schmerz einer verlorenen Liebe hautnah, als er bei einem Jagdausflug von einem wilden Eber tödlich verwundet wurde. Aus den Tränen, die sie an seinem toten Körper weinte, entstanden mit den Adonisröschen die ersten Anemonen. In anderen Versionen wurde das mörderische Schwein von der Göttin Artemis auf Aphrodites Liebhaber angesetzt. Artemis war nämlich sauer, weil ihr Liebling Hippolytos von Aphrodite umgebracht worden war. (Aphrodite war ihrerseits sauer auf Hippolytos, weil er sich der Artemis und einem zölibatären Leben verschrieben hatte, statt seine Liebe mit der Liebesgöttin zu teilen.) Der Schmerz der Liebe kann zwar Zorn erregen, andererseits aber bringt Aphrodite Menschen auch auf positive Weise zusammen, wirkt sogar schützend und wird zuweilen, wie im Trojanischen Krieg, sogar selbst verletzt, als sie ihren Sohn Aeneas beschützt.

Aber was ist mit der Fixierung auf Aphrodites Schönheit und ihren Glamour? Ihr schicker Schmuck, das Anreisen auf Schwänen und dass sie einfach nicht ihre Klamotten anbehalten kann? Ist sie nicht vielleicht einfach nur ein weiteres Beispiel für unmögliche Erwartungen und dafür, dass ein weiblicher Körper leicht zugänglich sein muss, um Begehren zu wecken?* Ist sie deshalb eine oberflächliche Göttin, die sich nur um ihren eigenen Spaß kümmert? Es ist im Lauf der Zeit sehr viel über das wundersame Dekolleté der Aphrodite berichtet worden. (Das übrigens verdankt sie der von ihrem technisch begabten Gatten hergestellten Lingerie: Hephaistos hatte ihr einen Zauber-BH** gebaut, der sie für alle Männer unwiderstehlich machte, was ein bisschen selbstzerstörerisch rüberkommt.) In Homers *Ilias* gibt es eine Szene, in der sie sich als alte Frau verkleidet, um Helena dazu zu bringen, mit Paris zu schlafen, aber Helena erkennt sie an ihrem spitzenmäßigen Busen. Aphrodite war zweifellos eine Göttin, die ihr Aussehen als Druckmittel genutzt hat, um zu bekommen, was sie wollte. Und das, was sie wollte, war nicht immer moralisch korrekt. Aber wir wollen sie nicht hassen, bloß weil sie toll aussah. Abgesehen von ihrem Äußeren war Aphrodite eine durchaus inklusive Göttin.

Der altgriechische Philosoph Platon hat zwischen zwei Versionen der Aphrodite unterschieden: Aphrodite Urania (die Himmlische) als diejenige, die bei intellektueller Liebe das Sagen hat, und Aphrodite Pandemos (die für alle Menschen da ist), zuständig für die physische Liebe. Aphrodite Urania beschäftigte sich ursprünglich nur mit der Liebe zwischen Männern. Aphrodite geht es nämlich nicht nur um weibliche heterosexuelle Liebe, sie kümmerte sich sowohl um hetero- als auch um homosexuelle Liebe und wurde später, in römischer Zeit, auch als intersexuelle oder androgyne Gottheit namens Venus Barbara (bärtige Venus) verehrt. Die antiken Mythologien teilen unser heutiges Bemühen, Geschlechter

* Wenn man sich die berühmten Gemälde von Aphrodite ansieht, erscheint ihr Körperbau heute vielleicht nicht ganz so modern wie jener der sportlichen Artemis, was aber nur wieder beweist, dass Schönheitsideale und das Bild vom perfekten Körper nicht feststehen, sondern sich immer wieder wandeln.

** Meist wird er, wenig appetitanregend, als »Gürtel« bezeichnet, war aber eher ein Band, das unter und zwischen den Brüsten getragen wurde, damit sie nicht hingen.

klar abzugrenzen, nicht. In vielen Kulturen hat die erschaffende Gottheit entweder keinerlei Geschlecht oder beide. Es gibt auch viele Gottheiten, die sich gänzlich außerhalb traditioneller Gendernormen befinden, so wie in China die Taoistische Gottheit Lan Caihe, die mal als Mann, mal als Frau und dann wieder in Frauenkleidern mit männlicher Stimme auftritt. Oder die hinduistische Göttin Minakshi, die mit drei Brüsten geboren, aber als Junge erzogen wurde. Hapi, der ägyptische Gott der Nilfluten, wird normalerweise als Mann mit Brüsten dargestellt und der nordische, gestaltwandelnde Top-Gott Loki, der sich je nach Situation entscheidet, ob er männlich oder weiblich sein möchte, ist für zahlreiche Kinder sowohl Vater als auch Mutter. Der väterliche Voodoo-Geist Baron Samedi trägt auf Darstellungen oft eine Mischung aus traditionell männlicher und weiblicher Tracht und sein Geschlecht wie auch seine sexuelle Orientierung werden in verschiedenen Überlieferungen unterschiedlich interpretiert.

In ihrer umfassenden Vielfalt geht es bei Aphrodite nicht nur um romantische Liebe mit Herzchen und Blümchen (obwohl sie eine besondere Vorliebe für Rosen, Anemonen und Myrte hat). Ihre Liebe bezieht sich auch auf sie selbst und ihre eigenen Bedürfnisse, und sie beinhaltet sowohl elterliche Zuneigung (besonders gegenüber Eros und Aeneas) als auch grundsätzliche soziale Beziehungen. Mit ihrer Entourage der Eroten und ihren Mädels, den Horai (Jahreszeiten) und den Chariten (Tugenden), ist sie eine sehr soziale Göttin, die die unterschiedlichsten Leute zusammenbringt. Alles in allem ist sie eine Göttin der Einheit in der Vielfalt, eine umfassende, schillernde Gottheit, die die Liebe mit all ihren Facetten darstellt. Und sie zeigt, dass es sowohl Schmerz als auch Herausforderungen und Genuss bringen kann, sich der Liebe zu öffnen.

Wir alle sind oft ausschließlich auf die romantische Liebe fixiert, aber wir sollten uns nicht der Illusion hingeben zu denken, dass sie das Ein und Alles ist. Aphrodite zeigt uns, dass Liebe aus etwas entstehen kann, das wenig vielversprechend scheint und dann aber das wird, was wir aus ihr machen: Stress, Freude, Familie, Spiritualität, intellektuelle Leidenschaft und Selbstachtung. Wie der griechische Philosoph Empedokles sagte: »Die Liebe ist dem Menschen angeboren und durch sie werden ihre Gedanken freundlich, sie wirken zusammen, und sie nennen sie Freude oder auch Aphrodite.« Manchmal kann Aphrodite zwar auch unheimlich sein, aber wir sollten uns nicht allem verschließen, was sie uns gibt. Love is all you need.

PACHAMAMA

und die Balance finden

Inka, Südamerika

Auch bekannt als
Mutter Erde, Mutter Natur, Mutter des Universums,
Alte Frau des Waldes

Skills
Schöpfung, Die Erde in Bewegung setzen

Zuständigkeitsbereiche
Landwirtschaft, Tiere, Pflanzen

In allen Kulturen weit und breit und in historischen Epochen nah und fern waren die beliebtesten Felder, die von weiblichen Gottheiten beherrscht wurden, immer die Natur und die Erde. Von der antiken griechischen Gaia über die ägyptische Isis, die sumerische Ninhursag mit ihrem Löwenbaby, die große Muttergöttin Papatūānuku der Maori, die kosmische Kuhgöttin Prithivi der Hindus und Buddhisten, die chinesische Erdgöttin Hòutǔ bis hin zur nordischen Sif mit ihren goldenen Haaren. Eine Erdgöttin wird normalerweise als Mutter dargestellt, weil das Pflanzenwachstum wie auch die Versorgung im Tierreich auf sie zurückgehen und all dies der menschlichen Erfahrung eines weiblichen Körpers entspricht, der auf wundersame Weise neues Leben hervorbringt*, sowie auch der Aufgabe, Kinder zu nähren und zu versorgen, was historisch gesehen hauptsächlich die Arbeit von Frauen war. Und noch immer macht, wie eine britische Studie belegt, für jede Stunde Kinderbetreuung, die eine Frau leistet, der dazugehörige Mann nur 24 Minuten.

Das Mutter-Element gehört zu den zentralen Aspekten der Dreifachgottheiten, über die Wissenschaftler*innen schon viel diskutiert haben. Dreifachgottheiten – bei denen drei verschiedene Personifikationen in derselben Gottheit abhängen – gibt es in zahlreichen Mythologien, einschließlich der nordischen, griechischen und keltischen.

Die Einteilung des menschlichen Lebens in drei Stadien gilt logischer-

* Es ist schon seltsam, dass alle auf Freuds Theorie vom weiblichen Penisneid herumreiten, wo doch jede Menge Mythologie, ganz zu schweigen von heutigen Sozialphobien hinsichtlich der Kontrolle über die Reproduktionsrechte von Frauen, sich vielmehr als männlicher Schwangerschaftsneid darstellt. Da wären zum Beispiel Athenes und Aphrodites Geburtsmythen in diesem Buch als Anfangslektüre, die Tabus, die sich in vielen Kulturen um schwangere und menstruierende Frauen ranken, sowie die Angewohnheit werdender Väter zu sagen: »Wir sind schwanger!«.

weise nicht für Frauen, wobei die drei Zeitalter des Mannes (Kind, Erwachsener, Rentner) weithin bekannt sind. Die Teilbereiche der Dreifachgöttin, Jungfrau, Mutter und alte Hexe, entsprechen, bedingt durch körperliche und hormonelle Veränderungen, ziemlich genau den Lebensphasen vieler Frauen. Allerdings entspricht diese Aufteilung der Dreifachgottheit einer männlichen Sichtweise: Jungfrau = geeignet zum Vögeln; Mutter =

gevögelt; alte Hexe = ungeeignet zum Vögeln.* Frauen wurden schon immer gerne auf wenig schmeichelhafte Stereotype reduziert, wobei es nur darum ging, wie sie mit anderen kommunizieren oder im Vergleich zu anderen wirken, zum Beispiel ist da das altbekannte Gegensatzpaar Jungfrau/Hure (zusammen mit den Paaren Mädchen von nebenan/Diva, Jungfrau in Nöten/Männerschreck). Aber keine Sorge, wir können auch noch alleinstehende Katzenladys werden, Bienenkönigin, Karrierefrau, verbitterter Broken Bird, Glucke (hört sich langsam an wie ein Zoo ...), Nutte mit Herz, viel zu perfekte Mary Sue, männermordendes Final Girl und vieles, vieles mehr.

Abgesehen von den ebenso gruseligen wie veralteten Charakterisierungen auf dieser Liste wurden einige dieser Begriffe auch nur erfunden, um die nachlässigen und reduzierenden Darstellungen von Frauen in Filmen und in den Medien zu verdeutlichen und damit die Art und Weise, wie Frauen gezeigt werden, zum Besseren zu verändern. Die Göttinnen- oder Wicca-Bewegung (eine neopaganistische Gruppierung, die in den 1970ern aufblühte und göttliche Weiblichkeit als Antwort auf die große Bedeutung von Männern in vielen Religionen feiert) hat sich ebenfalls bemüht, die Idee der Dreifachgöttin als positive Sicht auf weibliche Erfahrungen neu zu beleben und die Begriffe »Weib« und »Hexe« für kluge ältere Frauen zu etablieren. Viele Frauen zeigen heute Kombinationen dieser, aller oder keiner jener Charakterisierungen, sind jedoch nicht immer unkritisch. Unser ureigenes komplexes System aus unseren Werten, Attributen, Skills und Ambitionen macht jede von uns einzigartig. Wir achten daher darauf, uns nicht von der patriarchalisch geprägten Gesellschaft in eine Schublade stecken zu lassen.

Zurück zur Schublade mit der Aufschrift »Mutter«: Bevor es Verhütungsmittel gab, war das Kinderkriegen ein ziemlich unausweichliches

* Siehe auch Amy Schumers Sketch »Last F**kable Days« bei YouTube, sie findet hier noch einmal einen neuen Ansatz.

Schicksal, dem Frauen kaum entgehen konnten, wo heterosexuelle Beziehungen kulturell obligatorisch waren. Der Schritt zu der Erkenntnis, dass Mutterschaft keine zentrale Erfahrung oder Fügung weiblichen Lebens ist, war entsprechend befreiend. Die südamerikanische Erdgöttin Pachamama ist ein interessanter Fall einer Muttergöttin, die das Konzept, dass eine Mutter ihr Leben ganz ihren Kindern widmen muss, einfach unterläuft. Sie war gütig, umsorgend und großzügig, verlangte von ihren Anhängern aber auch gutes Benehmen (wie diese französischen Mütter, deren Kinder nicht mit Essen herumschmeißen).* Pachamama war eine der Hauptgottheiten der Inkazivilisation, die im 15. Jahrhundert in Peru ihre Blütezeit erlebte, jedoch ist ziemlich sicher, dass sie auch schon zuvor in den Anden verehrt wurde. Und sie hat auch heute noch Anhänger*innen.

Die idealisierte, stereotype Mutter soll in einem fort geben, ohne ein Bitte oder Danke zu erwarten, und ganz im Leben ihrer Kinder aufgehen. Die Pachamama dagegen ist eine strenge Göttin, die auf gutes Benehmen pocht. Wenn sie verärgert ist, ruft sie uns nicht beim vollen Namen oder fasst unsere Hand allzu fest an, sondern sie nimmt die Gestalt eines unterirdischen Drachen an und lässt ein paar Erdbeben los. Pachamamas Kinder lehrten die ersten Menschen (von der Schöpfergottheit aus Lehm geformt) das Überleben in der Welt: Ohne sie funktioniert keine Landwirtschaft, die Natur wendet sich gegen uns, Menschen verhungern und sterben, denn sie

* Wenn man bei Google Images »Erdmutter« eingibt, findet man eine Menge hübsche Fanartikel einer lächelnden, friedvollen Mutter Erde mit einem Kleid aus einem bewaldeten Berg und blühenden Weinranken als Haaren. Das passt zu Göttinnen wie Gaia, Pele und Pachamama. Unsere persönliche Lieblingserdmutter ist allerdings weniger instagramable: Die aztekische Göttin Tlaltecuhtli wird als kauerndes Monster mit einem großen Maul voller spitzer Zähne beschrieben, auch an den Knien und Ellenbogen hatte sie weitere aufgerissene Mäuler, dazu Klauen an Händen und Füßen, und ihre Haut war die eines Krokodils. Ständig will sie das Blut derer, die ihr geopfert wurden. Ihr Bild findet sich häufig in Kontakt mit der Erde und abseits menschlicher Augen auf dem Boden eines besonderen Gefäßes. In diesen sogenannten Adlerschalen wurden die Herzen der geopferten Menschen aufbewahrt. Echt rustikal!

wendet sich gegen die Ausbeutung der Natur und erwartet regelmäßige Opfergaben. Kein Wunder, dass sie sowohl von Klimaaktivisten wie auch von Leuten, die die Natur vor weiteren Katastrophen bewahren wollen, vereinnahmt wurde.

Als Quell unserer Nahrung ist Pachamama eine Erntegöttin und zu ihren Kindern gehört mit Inti die lebensspendende Sonne daselbst (manchmal wird Inti auch als ihr Ehemann bezeichnet – keine Sorge, in Mythen passiert das öfters). Weitere Kinder sind unsere liebste Kartoffelgöttin Axomama, die stylischere Quinoagöttin Quinoamama und die Getreidegöttin Saramama. Der Feiertag der Pachamama ist im August, denn dies ist für sie die härteste Zeit des Jahres, in der sie am meisten Zuspruch von ihren Anhänger*innen benötigt, damit sie die Kraft aufbringt, neue Erntefrüchte hervorzubringen. Ihre Unterstützer*innen opferten ihr früher Lamas und Meerschweinchen, heute schmücken sie Pachamamas Schreine mit Blüten und Kokablättern und achten darauf, den ersten Schluck ihres Biers als Opfergabe auf den Boden laufen zu lassen. Es war schon immer sehr wichtig, die Pachamama bei Laune zu halten. Deshalb opferten die Inka ihr damals, als sie ihre zauberhafte Hauptstadt Cusco gründeten, ein Lama. Dessen Lungen aber bliesen sie mit Luft auf und zogen mit ebendiesem bizarren Partyballon sowie einer goldenen Scheibe als Symbol für Inti in die Stadt.

Es gibt, abgesehen von ihrer Prominenz, keine gesicherten Aufzeichnungen über die Pachamama, denn die Mythen der Inka wurden nur mündlich überliefert. (Die ersten schriftlichen Erzählungen stammen von spanischen Invasoren, aus der Zeit, nachdem Cusco im Jahre 1533 von Konquistador Pizarro eingenommen worden war.)

Was können wir also von dieser langlebigen und doch mysteriösen Muttergottheit lernen? Die erste Lektion ist die, dass es zwar prima ist, die Erde als weiblich zu betrachten, es andererseits aber auch wichtig ist, daraus keine verletzenden Erwartungen dahingehend abzuleiten, wie Frauen zu sein haben. Weil jahrhundertelang geglaubt wurde, Frauen seien einfache

Wesen (weswegen ja auch viele Göttinnen in diesem Buch mit Natur und Instinkt in Verbindung gebracht werden statt mit Kultur und Skills), sind auch die Schubladen, in die wir gesteckt werden, nur grob unterteilt.

Wir alle stereotypisieren andere Menschen, doch wir sollten uns nach Kräften bemühen, diejenigen Raster zu vermeiden, die sich Männer erträumt haben, um Frauen kleinzureden. Wir alle sind komplexe Wesen und kein Stempel wird uns je zufriedenstellend definieren. Daher bestimmen wir selbst, wie für uns ein Gleichgewicht aussieht und wie wir Frausein erleben. Ein solches Gleichgewicht streben wir in allen Lebensbereichen an, unser Glücksrezept ist nicht für alle gleich, doch sollten wir alle daran denken, genug Zeit für Gesundheit, Beziehungen, Arbeit, Gemeinschaft, unser Seelenleben und unsere Bestimmung zu haben. Und so bauen wir unser eigenes, von Pachamama inspiriertes Ökosystem auf.

Die zweite Lektion, die wir von Pachamama lernen, ist Reziprozität oder Gegenseitigkeit. Nicht immer nur geben, geben, geben – aber auch nicht immer nur nehmen, nehmen, nehmen. Beides funktioniert nicht. Was wir suchen, ist ein Gleichgewicht. Und das erstreckt sich auf unsere Familie, unsere Freunde und Freundinnen, Kolleg*innen, den Barista, die Lehrerin, Ärztinnen und Ärzte und alle, die wir auf der Straße treffen. Es ist ein allgemein anerkanntes Klischee, dass man vom Leben so viel zurückbekommt, wie man hineinsteckt. Die Pachamama aber gibt nichts umsonst. Schließlich beruht ein Teil dieser Gegenseitigkeit auf Pachamamas ganz ursprünglicher Bedeutung als Mutter Erde: Wir wissen alle, dass wir zu viele Ressourcen verschwendet haben, es ist an der Zeit, das Pendel zurückschwingen zu lassen. Wenn wir das nächste Mal in Versuchung geraten, uns irgendwo eine Flasche Wasser zu kaufen, stellen wir uns vor, wie Pachamama sich bereit macht, ein gewaltiges Erdbeben loszulassen – und suchen ganz flott den nächsten Wasserhahn.

MAZU

und freundlich bleiben

Chinesisch, China

Auch bekannt als
Himmlische Prinzessin, Diejenige,
welche die Nation beschützt und die Menschen abschirmt,
Die von wunderbarer Transzendenz ist,
Hervorragender Nachklang, Allumfassende Freundlichkeit,
Universelle Rettung, Tianhou, Tianfe,
Tochter des Drachen, Himmelskönigin

Skills
Wettervorhersagen, Licht aussenden,
Schiffe leiten, Unwetter bändigen, Heilen

Zuständigkeitsbereiche
Meer, Seefahrer, Fischer

Immer öfter befürchten wir, dass die Welt den Bach runtergeht. Jeden Tag erleben wir irgendwo willkürliche Unverschämtheiten. Ein Typ, der feixend zuguckt, wie wir 17 Versuche brauchen, um in eine Parklücke zu kommen. Trolle, die sich über den IQ eines Promis lustig machen. Zeitungen, die eine Sängerin kurz nach der Geburt angeblich dafür »feiern«, dass sie »ihre neuen Kurven zeigt«. Menschen können extrem unfreundlich sein, und zwar auf total banale Art und Weise. Was aber, wenn wir das Steuer dieses traurigen Kutters herumreißen und anfangen, zu unserem eigenen Wohlergehen nett zu anderen zu sein? Könnte die Welt vielleicht ein sehr viel angenehmerer Ort sein? Überall wächst der Wunsch, unser Handeln mit mehr Freundlichkeit und Mitgefühl anzugehen, und wir beobachten dieses Phänomen verpackt in Unternehmensphilosophien sowie in einem wachsenden Trend zu mehr Achtsamkeit und als Gegenreaktion auf toxisches Handeln. Mazu, die chinesische Meeresgöttin, ist der Inbegriff von Mitgefühl und Fürsorge.

Angenehmerweise war diese große Göttin ursprünglich ein ganz normales kleines Mädchen. Lin Mo wurde im Jahr 960 auf Meizhou, einer kleinen Insel an der Südostküste Chinas, in die Familie eines Fischers hineingeboren. Aber von Anfang an trug ihr Leben überweltliche Züge. Bei ihrer Geburt soll ein helles Licht gestrahlt und die Luft soll schwer nach frischen Blüten geduftet haben (was viel netter klingt als der Geruch von Blut und allem anderen, das sonst bei Geburten üblich ist). Sie war sogar schon als kleines Baby still und aufmerksam – und sie hatte ein fotografisches Gedächtnis. Lin Mo begann im Alter von zehn Jahren den Buddhismus zu studieren, und als sie ein Teenager wurde, betrachteten die Leute in ihrem Dorf sie bereits als außergewöhnliche Heilerin.

Einer Legende zufolge stand die fünfzehnjährige Lin Mo mit ihren Freundinnen an einem Tümpel und alle schauten in die Wasserspiegelung, um ihre neuen Kleider zu bewundern. Plötzlich brach aus der Tiefe ein Wesen hervor, das eine bronzene Scheibe hielt. Ihre Freundinnen liefen davon, doch Lin Mo hielt die Stellung und nahm in aller Ruhe die Gabe an. Dieser Moment wurde der Beginn ihrer Göttlichkeit. Ihre Fähigkeiten waren wie geschaffen für eine Gemeinde, in der sich alles ums Wasser drehte. Sie sagte Unwetter voraus, konnte als helles Licht erscheinen, um in Gefahr geratene Boote zurück an die Küste zu lotsen – und es gibt zahllose Geschichten darüber, wie sie in ihre stets roten Gewänder gekleidet auftauchte und die raue See beruhigte. Angeblich setzte sie einmal sogar ihr eigenes Haus in Brand, um ein Leuchtfeuer zu entzünden, das verirrten Seeleuten heimleuchtete.

Lin Mos bekannteste (und tragischste) Legende handelt von ihrem Versuch, ihren Vater und ihren Bruder zu retten, die in einen Taifun geraten waren. Sie war daheim und webte, als sie plötzlich in Trance fiel und eine Bedrohung für ihre Familie spürte. Sie nutzte ihre göttliche Gabe und projizierte sich als Astralleib zu dem Boot inmitten des tosenden Meeres. Ihren Bruder konnte sie aus den tückischen Wellen zurück an Land katapultieren. Ihren Vater aber musste sie mit den Zähnen festhalten, während sie mit ihm aus der Gefahr fortschwamm. Genau in diesem Moment kam ihre besorgte Mutter zum Webstuhl und weckte sie auf. Lin Mo löste erschrocken den Kiefer – und ihr Vater ertrank. Drei Tage lang suchte sie verzweifelt, bis sie ihn schließlich fand und nach Hause brachte, wo er gebührend bestattet wurde. Lin Mo lenkte dann ihre Trauer über den Tod ihres Vaters in ihre spirituelle Arbeit um. Im Kern all ihres Handelns standen Fürsorge und Mitgefühl für diejenigen, die ihr nahestanden, vor allem für die Fischer.

Sogar ihr Tod hatte etwas Wohltätiges an sich. Sie war erst 28 Jahre alt, als sie eines Tages ihrer Familie verkündete, sie müsse sie verlassen, um alleine eine Reise zu vollenden. Sie kletterte auf einen nahen Berg, wo sie in dichten Nebel eingehüllt wurde. Begleitet von einem Soundtrack sanfter sphärischer Klänge wurde sie in einem Lichtstrahl zum Himmel getragen. Was blieb, war ein Regenbogen. Sehr beeindruckend!

Fast unmittelbar nach ihrem Tod begannen die Menschen in ihrer Heimat, sie als Meeresgöttin Mazu zu vergöttlichen. Später wurde sie von der kaiserlichen Regierung zur Göttin erklärt und im Lauf der Zeit nicht weniger als 36-mal befördert, wobei sie immer größere und außergewöhnlichere Titel erhielt.

Mit dem Wachstum der Seefahrt wuchs auch die Verehrung für Mazu, die sich dank der vielen chinesischen Auswanderer über die ganze Welt ausbreitete. Der Name der Hafenstadt Macau stammt übrigens daher, dass portugiesische Seefahrer ihren Namen falsch verstanden hatten. Heute wird sie in China und Südostasien von mehr als 200 Millionen Anhängern verehrt, wo in Wohnungen, Autos und natürlich auf Booten Mazu-Skulpturen aufgestellt werden. Viele Fischer zünden noch heute Räucherstäbchen vor einer ihrer Statuen an, bevor sie in See stechen, denn sie gibt ihnen das Selbstvertrauen, hinauszufahren und ihren gefährlichen Job zu machen.

Eine Möglichkeit, ein Leben zu leben, das auf Freundlichkeit beruht, ist, bei sich selbst anzufangen. Wir alle machen Fehler. Wir alle scheitern. Nach vorne schauen bedeutet, nicht ewige Stunden damit zu vergeuden, uns selbst vorzuhalten, was falsch gelaufen ist. Stattdessen sollten wir unsere Energie nutzen, um uns wieder aufzurichten und aus unseren Fehlern zu lernen. Es ist nicht leicht, immer zuzuhören und sich ständig um andere zu kümmern, aber es ist es wert. Trotzdem hier eine kurze Warnung: Das Umdeuten von Liebe, Fürsorge und Mitgefühl ist für Frauen mit Vorsicht zu genießen. In all dem Schwung, mit dem wir den häuslichen und emotionalen Raum feiern – was absolut zu unterstützen ist –, sollten wir uns darüber im Klaren sein, dass Frauen jahrhundertelang beruflich in dieser Falle gesessen haben. Sie ist Teil eines Unterdrückungssystems, das uns kleinhält. Irgendwer muss kochen, putzen und sich kümmern. Überproportional häufig sind das aber Frauen. Die Aufteilung der häuslichen Pflichten ist gegendert: Frauen übernehmen den Großteil. Selbst dann, wenn der bezahlte Job der Frau ebenso anstrengend ist wie der des

Mannes, erledigt sie immer noch den Großteil der Hausarbeit. Diese Arbeit ist unsichtbar, wird nicht wahrgenommen und nicht bezahlt; das kann zu einem Ungleichgewicht in der Beziehung führen. Wir sollten darauf achten, dass Männer und Frauen gemeinsam durch diese tosende See steuern.

Mazu ist ein heldenhaftes und aktives Beispiel dafür, wie wir uns um andere kümmern können. Niemand will, dass wir alle unsere irdischen Güter verschenken oder unser Haus in Brand stecken, aber wir können die Welt ein kleines bisschen besser machen, wenn wir unseren Mitmenschen etwas mehr Empathie und Freundlichkeit entgegenbringen. Vielleicht spendieren wir der Person hinter uns in der Schlange einen Kaffee, vielleicht lächeln wir einfach öfter, bieten einer erschöpft aussehenden Person an, ihre Taschen die Treppe hinaufzutragen – hey, wir könnten sogar einen Zettel an irgendeine Windschutzscheibe klemmen und der Person zu ihren superguten Parkkünsten gratulieren.

TANIT

und Durchhaltevermögen zeigen

Karthagisch, Nordafrika

Auch bekannt als
Klagende im Angesicht des Baal, Thinit, Tinnit, Dea Caelestis (im alten Rom)

Skills
Beschützen, Tanzen

Zuständigkeitsbereiche
Karthago, Fruchtbarkeit, Mond, Regen, Frauen, Sex, Leben, Ibiza

Wir leben in einer Welt, in der Geschwindigkeit wertgeschätzt und unmittelbare Belohnung gefeiert wird. Wir haben Fastfood, Instant-Messenger-Dienste, Speed-Dating und sogar Speed-Yoga. Hilfe! Die Antwort auf egal welche Frage, egal zu welchem Thema, ist immer nur einen einzigen Klick entfernt. Aber trotz all dieser Überschall-Erlebnisse werden wir das Gefühl nicht los, immer weniger Zeit für unsere Familien und Freund*innen zu haben. Und wenn wir sie dann treffen, versuchen wir es zu optimieren: genau hingezirkelte Sätze in Gutenachtgeschichten, damit ganz schnell aus die Maus ist. Wenn wir mit Freund*innen mal abends weggehen, dann nur mit Vorreservierung, um zwei Fliegen mit einer Klappe zu schlagen. Vielleicht machen wir auch noch den Abwasch, während wir unter der Dusche stehen? Abgesehen von allem anderen sind die schädlichen Auswirkungen unserer schnelllebigen Wegwerfgesellschaft auf die Umwelt unübersehbar.

Es mag jetzt seltsam erscheinen, ausgerechnet Ibiza – Insel des Hedonismus, der Partys und der unmittelbaren Belohnungen jedweder Art – mit den Themen Geduld und Durchhaltevermögen zu assoziieren. Aber, Moment, tatsächlich gibt es eine großartige Legende über Tanit, die Schutzgöttin von Ibiza. Von ihr lernen wir, was es bringt, es mal langsam angehen zu lassen. Tanit gehörte zu den wichtigsten Gottheiten der Phönizier und war ursprünglich die Göttin von Karthago. Diese große Stadt wurde im Jahr 814 vor Christus gegründet und lag im Nordwesten des heutigen Tunesiens, was die perfekte Ausgangslage für den Handel im Mittelmeer war. Ursprünglich aus Tyros im heutigen Libanon stammend, waren die Phönizier ein imperialistisches Seefahrervolk. Man nimmt an, dass Tanit sowohl von der Sternengöttin Ashtoreth oder Astarte aus dem Mittleren Osten abgeleitet ist wie auch von ihrer sehr ähnlichen mesopotamischen Variante Inanna (auch bekannt als Ištar, siehe Seiten 42–48).

Tanit wurde in Karthago als Mutter der Götter verehrt und stand in Verbindung mit dem Mond (während ihr männlicher Gegenpart Baal Hammon, der Sonnengott Baal, war, die beiden waren das Spitzenpaar des punischen Pantheons) sowie mit Sex und Tanzen (Ibiza!), Fruchtbarkeit und dem Schutz der Frauen. Sie hatte angeblich aber auch ein wenig erbauliches Faible für Kinderopfer. Andererseits glauben heutige Wissenschaftler*innen, dass in den Massengräbern von Kindern, die an wichtigen Tanit-Stätten gefunden worden sind, tatsächlich die Körper von Totgeburten

oder Frühchen beigesetzt wurden, die die Strapazen der altertümlichen Geburt nicht überlebt hatten und dann der Göttin übergeben worden waren, damit diese für einen sicheren Übergang ins Jenseits sorgte.

Tanit schloss sich erst relativ spät dem Reigen der phönizischen Götter an und trat erstmals im 5. vorchristlichen Jahrhundert auf – als Gemahlin des Baal Hammon. Sie musste es auch gar nicht eilig haben, denn es wurde ziemlich schnell klar, dass sie diesem erfolgsverwöhnten Mann in puncto Beliebtheitswerten klar überlegen war. So sieht man sie auf zahllosen Tonscherben, Münzen und Schmuckstücken – und sie hat es sogar geschafft, sich ein eigenes Symbol zu schnappen: ein Dreieck mit einem Strich und einem Kreis*, was jetzt nicht sonderlich toll klingt, tatsächlich aber sehr außergewöhnlich ist. Keine andere Gottheit Karthagos war so sehr Weltmarke, dass sie ein eigenes Logo hatte. Als die Phönizier ihr Reich erweiterten, exportierten sie Tanit über Karthago hinaus. Und als dann im Jahr 654 vor Christus ein Hafen auf Ibiza gebaut wurde, kam sie gleich mit. Der Legende nach wirbelte nämlich, genau als die Phönizier dort anlandeten, ein Sturm so viel Staub auf, dass sich danach die Flüsse rot färbten. Das sahen die Phönizier als Zeichen, ihrer liebsten Göttin dringend an Ort und Stelle eine Kultstätte zu errichten.

Tanit bewies echtes Durchhaltevermögen und Millionen derer, die wegen der spirituellen Vibes nach Ibiza reisen, können sie noch heute als Schützerin der Insel und speziell der Frauen betrachten. Eine der Geschichten, die sich um sie ranken, verdeutlicht besonders die Vorteile ihrer Art des Durchhaltevermögens. Traditionell wurden auf Ibiza nämlich die fruchtbarsten Stücke Land im Inselinneren – was für eine Überraschung! – an die Männer und Jungen der Familie vererbt, während für die Frauen die Küstenstreifen blieben, die von der Sonne ausgedörrt, vom Salzwasser ausgelaugt und damit (landwirtschaftlich betrachtet) nutzlos waren. In den

*  Es sieht ein bisschen aus wie ein Symbol für eine Frau im Kleid oder wie das umgebaute Zeichen für die Heiligtümer des Todes bei Harry Potter.

1960er Jahren hatten die Frauen der Insel irgendwann die Nase voll davon, in einer wirtschaftlichen Falle zu sitzen und nur dadurch ausbrechen zu können, dass sie einen Bauern mit Land im Inselinneren heirateten. Also trafen sie sich eines Nachts unter dem Vollmond, tanzten und beteten zu Tanit. Gar nicht lange nach diesem nächtlichen Ritual erschienen die ersten Hippies auf der Insel. Das war jetzt vielleicht nicht ganz das, was sie sich erhofft hatten, aber die Besucher verbreiteten überall, welch unermessliche Freuden diese weiße Insel bereithielt. Und schon ging es los mit dem Tourismus. An der trockenen, wasserarmen und unfruchtbaren Küste spielte fortan die Musik; und das Pendel schwang auf die Seite von *las mujeres*.

Es ist schon ziemlich beeindruckend, dass die Göttin, deren möglicherweise erste Inkarnation (es war immerhin Inanna) vor 6000 Jahren verehrt wurde, heute noch in der Cova des Culleram in San Vicente wertgeschätzt wird. Jedes Jahr besuchen tausende von Menschen diese Höhlen im Norden von Ibiza, wo 1907 ein Schrein mit 600 Terracotta-Statuen von Tanit gefunden wurde, bringen ihr Geschenke und beten. Zahllose Hotels, Geschäfte und Bars tragen ihren Namen, Statuen und Bilder mit Tanit schützen überall auf der Insel Häuser und Clubs. Ist das nicht schön, dass die Mondgöttin auf der Insel der Vollmond-Partys noch immer den Vorsitz hat?

Sachen schnell zu machen, ist einfach, lustig und beschert unmittelbare Befriedigung. Warum den Zehner sparen, wenn man ihn genauso gut ausgeben kann? Warum sich auf diese Präsentation vorbereiten, wenn man weiß, dass die Hälfte der Leute sowieso nicht zuhört? Noch eine Folge gucken, die eine Stunde Schlaf mehr oder weniger macht doch keinen Unterschied. Aber die Kosten für das Kurzlebige summieren sich irgendwann, die Stunden Schlaf, die uns fehlen, das Geld, das uns durch die Finger rinnt, all das macht früher oder später doch eine ganze Menge aus. Deswegen hier unsere Strategien für eine Investition in die Zukunft: Wir bereiten uns vernünftig auf die Präsentation vor, statt irgendeinen Blödsinn abzuliefern, wir geben weniger aus und sparen mehr, wir machen die Matheaufgabe fertig, bevor wir um die Häuser ziehen. Wir haben einfach zu viele Möglichkeiten und nicht genug Zeit, allem nachzukommen – das kann uns überfordern. Tanits immerwährender Ruf und ihre Bedeutung für Frauen und das Partypublikum auf Ibiza zeigen uns, wie wichtig es ist, durchzuhalten – ganz im Sinne Tanits.

KALI

und voll da sein

Hindu, Indien

Auch bekannt als
Die Schwarze, Die den Tod Darstellende,
Kaushika (Schwertscheide), Kali-Ma (Mutter Kali)

Skills
Tanzen, Das Böse bekämpfen, Dämonen vernichten,
Die Welt retten

Zuständigkeitsbereiche
Tod, Zeit, Weltuntergang, Weibliche Sexualität,
Gewalt, Regeneration

Egal, wo wir hineinhören oder -lesen, bei Anrufsendungen im Radio, bei Talkshows oder in allen möglichen Social-Media-Threads: Schnell wird klar, dass ziemlich viel Gift und Galle verspritzt wird. Sogar unser Navi klingt unerfreut. Aber wir wissen auch, dass Wut – solange wir sie nicht vor sich hin dümpeln und hässlich werden lassen – auch zu positiven Veränderungen führen kann. Martin Luther King schrieb, »es ist die oberste Pflicht, Menschen so zu organisieren und zu vereinen, dass aus ihrer Wut eine verändernde Kraft erwächst«. Und auch für unser eigenes Leben ist es wichtig, die Macht starker Gefühle zu erkennen, damit wir zum Handeln gedrängt werden.

Kali ist die Göttin des Todes, der Zeit, des Weltuntergangs, der weiblichen Sexualität und der Gewalt. Sie ist aber auch ein Symbol der Mutterliebe mit all ihrer Wildheit und Komplexität. Kali hegt und pflegt, zerstört aber auch – und drückt dadurch aus, dass es kein Leben ohne Tod gibt. Millionen von Hindus verehren sie heute als Mutter Kali, sie wird häufig in ihrer typischen Siegespose dargestellt: breitbeinig über ihrem auf dem Rücken liegenden Gefährten stehend, dem großen Gott Shiva. Sie grinst mit offenem Mund, die blutrote Zunge hängt heraus, sie trägt eine Halskette aus Totenköpfen und einen Rock aus abgetrennten menschlichen Armen, ihr ungebändigtes Haar fällt tief bis auf den blauen oder schwarzen Rücken hinab. Ach so, und meistens hat sie noch einen abgetrennten menschlichen Kopf in der Hand. Als Symbol weiblicher Macht ist sie ziemlich einprägsam.

Das sehr komplexe Pantheon hinduistischer Gottheiten besteht bereits seit tausenden von Jahren und wurde erstmals in den Versen des *Rigveda* erwähnt, etwa um die Zeit, als das alte Ägypten und Mesopotamien ihre Blütezeit erlebten. Der Rigveda wurde vermutlich um 1200 vor Christus verfasst und beinhaltet mehr als tausend Gedichte, die in Mandalas (oder Liederkreise) eingeteilt sind, er gehört damit zu den ältesten religiösen

Texten der Welt. Im Zentrum steht ein Gottheiten-Triumvirat, bei dem jeweils eine Gottheit für die Erschaffung, die Aufrechterhaltung und die Zerstörung der Welt zuständig ist. Brahma ist der Schöpfer, die meisten Hindu-Gottheiten stellen eine seiner Facetten dar. Er ist zuständig für Raum und Zeit, er erschafft die Welt jedes *kalpa* neu, was für ihn nur ein Tag und eine Nacht ist, für uns Menschen aber ein paar tausend Millionen Jahre. Der Gott Vishnu ist der Beschützer der Welt und seine Rolle ist es, in traumatischen Zeiten aufzutauchen und wieder für Ruhe zu sorgen. Shiva ist der Zerstörer, er vernichtet, um wiederherzustellen und die Welt jedes Mal ein bisschen perfekter zu machen. Er pendelt zwischen den Extremen. Mal steht er für totale Enthaltsamkeit, dann wieder ist er ein wild tanzender Hedonist. Es ist seine liebevolle und völlig relaxte Ehefrau Parvati, die ihn stets wieder ins Gleichgewicht bringt.

Genauso wie die rosa Wolke Elle Woods aus *Natürlich blond* einen harten Kern hat, ist Kali die dunkle Seite der Parvati. Von dieser gibt es verschiedenste Schöpfungsmythen, jede mit einem hübschen Anteil Gewalt und Intensität. In einer Erzählung brachte der Dämon Daruka die Götter gegen sich auf. Dieser Dämon konnte nur von einer Frau getötet werden. Also sprang Parvati in Shivas Rachen, um Gift zu holen und damit Daruka zu erledigen. Sie kam als tobende Kali wieder heraus und tötete ihn. In einer anderen Variante wurden Götter und Menschen von dem Dämon Raktabija (Blut-Samen) schikaniert. Dieser Dämon besaß die unendlich frustrierende Gabe, sich aus jedem Tropfen seines Bluts, das vergossen wurde, noch einmal neu zu erschaffen. Die Götter schmissen alle ihre *shakti* (göttliche Energie) zusammen und erschufen daraus eine Supergöttin, die es mit Raktabija aufnehmen konnte. Das Ergebnis war Kali. Die ging mit Vergnügen ans Werk und verschlang alle seine Klone am Stück, sodass kein Tropfen Blut vergossen wurde. Dann köpfte sie Raktabija und schluckte sein gesamtes Blut herunter. In einer weiteren Geburtsgeschichte kämpfte die Kriegsgöttin Durga gegen den Büffel-Dämon Mahisha, der ebenfalls nur von einer Frau bezwungen werden konnte. Durga wurde während des

Kampfes so wütend, dass ihr Zorn sich hinter ihrer Stirn sammelte wie die Mutter aller Kopfschmerzen und schließlich in Gestalt der Kali hervorsprang. Diese geriet außer Rand und Band, fraß Mahisha sowie sein gesamtes Heer auf und machte sich schließlich aus ihren Schädeln eine Halskette.

Kalis gerechter Zorn muss jedoch mit Gelassenheit gezügelt werden und oft genug kommt der Punkt, an dem ihre extremen Gefühle wieder ins Gleichgewicht gebracht werden müssen. Wenn ihr blutrünstiger Tanz außer Kontrolle zu geraten scheint, legt sich Shiva vor sie hin, um sie aus ihrer starrsinnigen Wut zu reißen. In manchen Erzählungen erscheint er als Baby, um ihre Mutterinstinkte zu wecken und sie von ihrem apokalyptischen Weg abzubringen.

Wir alle brauchen irgendwann mal eine Auszeit. Aber in Kalis Temperament stecken Antrieb und Entschlusskraft, ihr erstaunlich effektives Handeln wäre ohne diese gar nicht möglich. In den Mythen taucht sie auf, wenn die Lage hoffnungslos ist und gewaltige Mächte mit – nun ja – gewaltiger Macht geschlagen werden.

Kali ist eine Göttin voller Gegensätze: Sie ist Dämonenkillerin und sanfte Mutter, furchterregend und liebevoll, Tod und Leben – sie beweist, dass wir widersprüchliche und unvorhergesehene Mächte annehmen müssen, um uns von der Angst davor zu befreien. Sie ist in ganz Asien berühmt und unterschiedliche Formen des Hinduismus konzentrieren sich auf verschiedene Aspekte ihrer Eigenschaften und Geschichten. Ihr Image ist unglaublich kraftvoll und weltbekannt.

Als die ersten christlichen Kolonialisten Indiens von ihr hörten, waren sie ebenso erschrocken wie fasziniert, sie exotisierten sie und konzentrierten sich auf die sexuellen Aspekte. Im Westen ist sie daher auf unterschiedlichste Weisen dargestellt worden, nicht selten beleidigend weit entfernt von ihrer überweltlichen Herkunft: Mal haben feministische Gruppen und New-Age-Anhänger sie als heldenhaftes Symbol sexueller Befreiung und weiblicher Macht herausgestellt, dann wieder wurde sie in *Indiana Jones und der Tempel des Todes* als Zentrum eines blutrünstigen Dämonenkultes dargestellt (was angesichts von Kalis Geschichte mit den Dämonen widersinnig ist). Und Mick Jagger hat sich zweifellos von Kali inspirieren lassen, als er das berühmte Lippenlogo der Rolling Stones erfand.

Kali zeigt uns, wie wir Zorn schließlich in etwas Positives ummünzen können. Sie ist Außenseiterin, Antreiberin und Disruptorin – und nicht selten drängt sie auch Shiva zu disruptivem Handeln. Sie ist ständig in Bewegung, so wie die Zeit ja auch immer weiter fortschreitet. Wenn wir etwas wirklich wollen, sind wir sofort bereit, uns in Bewegung zu setzen, unser Herz schlägt schneller, Adrenalin strömt durch unseren Körper und wir fühlen uns vollkommen lebendig. Das ist die Art mächtiger Energie, die Berge versetzen kann. Wir werden darauf achten, diese Energie zu nutzen, sobald wir sie verspüren, und zum Sieg tanzen. So wie Kali.

SEDNA

und Selfcare an die erste Stelle setzen

Inuit, Nordamerika und Grönland

Auch bekannt als
Die-nie-heiraten-wollte, Sanna, Mutter des Meeres, Königin von Adlivun, Arnakuagsak (Alte des Meeres), Arnapkapfaaluk (Große böse Frau), Nuliajuk (in Kanada)

Skills
Meerestier-Management, Rechtsprechung, Wetter-Manipulation

Zuständigkeitsbereiche
Meeressäugetiere, Fischbestände, Unterwelt, Menschliches Verhalten beobachten

Wir haben alle mal Bad-Hair-Days, an denen die Haare machen, was sie wollen, dunkle Tage, Tage, an denen keine Milch mehr im Kühlschrank ist, der Bus zu spät kommt, die Socken nass sind, uns Mascara aufs T-Shirt tropft, der Handy-Akku leer ist, unsere beste Freundin von ihrem Freund verlassen wird, der Drucker kein Papier mehr hat und alle unseren Geburtstag vergessen haben. Tage also, an denen wir uns

überfordert fühlen und uns am liebsten im Bett verkriechen und dort bleiben würden. Aber wir versuchen, einfach weiterzumachen. In diesen Momenten fällt es ganz besonders schwer, daran zu denken, dass wir auch Zeit für uns selbst brauchen.

Die Geschichte der Inuit-Meeresgöttin Sedna veranschaulicht diesen heiklen Balanceakt. Er ist nicht ganz einfach, weil wir uns einerseits um unser Umfeld und andererseits auch um uns selbst kümmern wollen. Und sie zeigt uns auch, wie diese beiden Aspekte zusammenhängen: Etwas für sich selbst zu tun, ist nämlich nicht dasselbe wie selbstsüchtig sein.

In der Mythenwelt der Inuit aus den arktischen Küstenregionen Kanadas, Alaskas und Grönlands ist Sedna die bekannteste aller Gottheiten. Es gibt unterschiedliche Versionen ihrer Ursprungsgeschichte, doch alle erklären gleichermaßen, wie es dazu kam, dass sie eine so mächtige Figur wurde und als Mutter der Meere bezeichnet wird.

Man glaubt, dass die Vorfahren der heutigen Inuit vor mehr als 15 000 Jahren von Asien aus nach Nordamerika und Grönland gewandert sind. Damals lag der Meeresspiegel deutlich niedriger, weswegen die sogenannte Beringstraße, heute eine 85 Kilometer breite Meerenge, damals als Landweg passierbar war. Bevor ab dem 16. und 17. Jahrhundert regelmäßiger Kontakt nach Europa möglich war – was unter anderem Händler, betrunkene Walfänger und bis dahin unbekannte Krankheiten sowie Missionare brachte –, fand das Leben der Inuit in eng zusammenhaltenden Selbstversorger-Gemeinschaften statt. Sie lebten in so eisigen Temperaturen, dass die meisten von uns, die wir heute an kuschelige Sofas und Zentralheizung gewöhnt sind, auch mit mehreren Schichten Skiunterwäsche dort nicht überleben könnten. An den Küsten lebten viele Inuit halbnomadisch von Jagd und Fischfang, wobei sie sich sehr stark an die unterschiedlich ausgeprägten Jahreszeiten anpassen mussten. Da in einem Großteil des Jahres dort keinerlei Pflanzen wuchsen, konnte kein Ackerbau betrieben werden, doch das Meer versorgte die Inuit-Familien mit allem Notwendigen: Nahrung (wer hätte gedacht, dass Narwalfleisch und Walhaut tatsächlich sehr viel Vitamin C enthalten?), Fell, Haut und Knochen, um Ausrüstung, Kleidung und Wohnraum herzustellen, dazu Öl als Brennstoff.

Die Mythen der Inuit sind je nach Region natürlich unterschiedlich und wurden mündlich überliefert, bis die Europäer im 19. Jahrhundert begannen, sie zu verschriftlichen. Alle Erzählungen beinhalten im Prinzip eine sehr enge Verbindung zwischen den Menschen, dem Land und allem, was es ihnen bietet. Die traditionelle Inuit-Religion hat animistische Elemente, geht also von einer »Allbeseeltheit« aus: Die Jäger sind den Tieren in größtem Respekt verbunden, denn sie sind auf diese angewiesen, um zu überleben. Im Animismus existiert keine Trennung zwischen der physischen und der spirituellen Welt, dort besitzen alle Naturphänomene, Menschen wie auch Tiere, Flüsse und Pflanzen, ein spirituelles Element oder eine Seele. Früher praktizierten die Inuit-Jäger bestimmte Rituale, die ihren Respekt vor dem Tier, das sie jagen wollten, ausdrückten. Diese Rituale zu ignorieren, war ein Tabubruch und man glaubte, dass dies der gesamten Gemeinde Unglück bringen würde. Man bezeichnete die Menschen, die auf diese Verhaltensregeln achteten und Probleme lösten, als *angakkuit*. Sie waren Schamanen, die auch mit nichtmenschlichen Elementen in der Natur kommunizierten.

Gemeinschaften, die Tabus brachen, beispielsweise durch respektlose Jagdtechniken, wurden von der Meeresgöttin Sedna bestraft, indem diese für schlechtes Wetter sorgte oder die Seehunde und Wale tief unten in ihrem Unterwasser-Königreich hielt und dadurch verhinderte, dass Essen auf den Tisch kam. Ohne die Vermittlung eines geübten *angakkuq*, der die Mutter der Meere besänftigte, mussten die Siedler verhungern.

Die Geschichte, wie Sedna zu ihrem Unterwasser-Reich kam, fängt damit an, dass sie ein ganz normales Mädchen war. Sie wurde dadurch außergewöhnlich, dass sie nicht heiraten wollte. Heute würden wir sagen: Das sind doch kleine Fische, keine große Sache. In einer Welt aber, in der das Wetter ebenso wie die verfügbaren Ressourcen so wenig verlässlich waren, hatten Familienbande extrem große Bedeutung für den Zusammenhalt. Man musste sich auf seine Schwiegerleute verlassen können und eine Kernfamilie als Unterstützung haben. Sednas Vater ist daher von ihrem Wunsch, jung, frei und ungebunden zu bleiben, nicht so richtig begeistert. In einer Version der Sage bringt sie ihn zur Weißglut, indem sie menschliche Verehrer ablehnt und stattdessen einen Hund heiratet. Bevor ihr Vater aber den Hunde-Ehemann tötet, bringt sie noch einen Wurf Welpen zur Welt. Sie schickt ihre Welpen fort und sie werden so zu Ahnen verschiedener »Arten«, einschließlich Zwergen, Riesen und Europäern, womit Sedna zur Mutter aller Völker wurde.

In anderen Erzählungen wird Sedna gekidnappt oder von ihrem Vater gezwungen, einen Meeresvogel zu heiraten (einen Eissturmvogel oder eine Sturmschwalbe, für alle, die es genauer wissen wollen). Selbst in den Geschichten, in denen sie dem Vogel aus eigenem Antrieb verfällt, ändert sie ihre Meinung ziemlich schnell, als sie sein Nest sieht und sich ekelt, weil ihr neues Zuhause so dreckig und ungemütlich ist. Als ihr Vater dann mal zu Besuch kommt, bittet sie ihn, sie mit zurück in die Menschenwelt zu nehmen. Während ihrer Bootsfahrt zurück entfacht ihr wütender, sitzengelassener Vogel-Ehemann einen Sturm und Sednas Vater stößt sie rasch über Bord, um den Vogel damit hoffentlich zu besänftigen. Sedna aber hält sich am Boot fest und lässt nicht los. Trigger-Warnung: Jetzt kommt der brutale Teil der Geschichte.

Sednas Vater versucht nun so verzweifelt, sie loszuwerden, dass er anfängt, ihre Finger mit einem Messer abzuschneiden, damit sie endlich vom Boot ablässt. Ihre abgetrennten Finger fallen ins Meer und werden zu Seehunden, Walrossen, Walen und Eisbären. Sedna selbst sinkt auf den Grund des Ozeans hinab. In den eisigen Tiefen wird sie »Herrin der Tiere«* und herrscht in der Rolle der »alten Hexe« über die Geschöpfe des Meeres.

* Siehe auch Epona (Seiten 160–166) für mehr Informationen über Göttinnen und ihre Tiergefährten. Die Vulkangöttin Dzelarhons der Haida aus Kanada und Alaska ist ebenfalls eine »Herrin der Tiere«, die eine miese Ehe hinter sich hat und sich danach dem Schutz von Landtieren und Fischen widmete.

Zusätzlich regiert sie eine eisige Unterwelt namens Adlivun, eine Zwischenwelt, in der die Geister der Toten verweilen, bevor sie zum Mond aufsteigen, wo sie bis zur Reinkarnation glücklich leben.

Aufgrund ihrer Verbindung zu Meeressäugern wird Sedna auf den hübschen Holzschnitten, die noch heute angefertigt werden, häufig mit einer Walfluke dargestellt. Teile ihrer Geschichte erinnern uns an das, was wir über Meerjungfrauen wissen. Allerdings nicht über die fröhlich lächelnden mit den glitzernden Muschel-Bikinis. Meerjungfrauen sind in vielen Sagen finstere, gefährliche Wesen, sie stellen eine Gefahr für Seeleute und Fischer dar – und Sedna ist wirklich gefährlich, wenn sie schlechte Laune hat. Mit dem Wegsperren von Robben und anderen Tieren in ihrem Königreich verweigert sie den Menschen den Zugang zu Nahrung, was verheerende Folgen hat. Meerjungfrauen werden häufig auch beim Haarekämmen dargestellt, was uns zu einem weiteren Aspekt von Sednas Geschichte bringt.

Wenn Menschen sich nicht an die Sitten und Gebräuche ihrer Gesellschaft halten, die von Beziehungen bis hin zu korrekten Ritualen beim Jagen und Essen alles regeln, spürt Sedna das daran, dass ihre Haare verfilzen und von Parasiten befallen werden, die solche Regelbrüche versinnbildlichen. Weil sie ja keine Finger mehr hat, kann sie ihr Haar nicht selbst kämmen und wird dadurch noch wütender. Es braucht für die Lösung dieses Problems also einen tapferen *angakkuq*, der sich in eine Trance versetzt, in der er die Göttin in ihrem Unterwasser-Reich aufsucht. Dort lebt sie mit ihrem Vater, ihrem Hund und in manchen Sagen auch mit ihrer Freundin Quailertetang. Der *angakkuq* muss verschiedene Gefahrenzonen durchschreiten, unter anderem eine Eishölle und einen Kessel voll kochender Robben, bevor er Sednas Haus aus Walbein betreten kann, wo er ihr geduldig die Haare kämmt und dann zu Zöpfen flicht. Bei der Rückkehr aus der Trance kann er dem Dorf detailliert erklären, warum sie sich auf den Schlips getreten fühlte, und sobald alles geklärt ist, kehren die Robben und Wale in ihre Gewässer zurück.

Sednas Geschichte regt auf mehreren Ebenen zum Nachdenken an: Wir alle sind Mitglieder von Gruppen mit jeweils eigenen Regeln. Das mag mal die eigene Familie sein, in der manche Dinge auf eine bestimmte Art und Weise gehandhabt werden, oder auch die Gesellschaft als Ganzes. Sedna widersetzte sich den Erwartungen ihrer Gesellschaft, indem sie sich weigerte zu heiraten. Anhand ihrer Geschichte erfahren wir die Mühsal, die darin liegt, einerseits im eigenen Interesse zu handeln, andererseits aber auch im Sinne anderer (wir sind ziemlich sicher, dass sich ihr Vater, bei Lichte betrachtet, auch nicht mehr so toll fühlte, seine Tochter über Bord geworfen zu haben, nur um die eigene Haut zu retten). Altruismus und Gemeinsinn sind wichtige Eigenschaften, bedeuten aber nicht, dass wir immer mit der Masse marschieren müssen. In England beispielsweise haben viele kulturelle Normen Minderheiten und Benachteiligten großen Schaden zugefügt: Sollten Frauen ohne männliche Begleitung aus Pubs verwiesen werden? Sollten schwarze Menschen auf dem Wohnungsmarkt schlechter behandelt werden als weiße? Sollte man Frauen für die gleiche Arbeit weniger zahlen? Sollten Rollstuhlfahrer*innen einfach damit klarkommen, dass es Treppen gibt? Unfassbar, dass noch vor wenigen Jahrzehnten alle diese Fragen mit »Ja« beantwortet wurden. Es ist essentiell, dass wir Regeln, mit denen wir konfrontiert werden, prüfen und dann für uns entscheiden, ob sie für uns und andere gut sind oder nicht.

Der zweite Aspekt von Sednas Geschichte ist der, dass sie so einen richtig schlimmen Tag hatte und es am Ende doch irgendwie ganz okay ausgegangen ist. Sie hat einiges verloren (ihre Finger) und eine Tür ist ihr zugeschlagen worden (unter Menschen zu leben und sich die Haare kämmen zu können), zum anderen hat sie aber etwas gewonnen (ein Königreich) und ein Fenster wurde geöffnet (zur Macht). Sedna gibt viel, indem sie die Menschen mit Nahrung versorgt, aber sie zieht sich von der Welt zurück und nimmt sich Zeit für sich selbst, wenn es ihr zu viel wird. Wenn wir also das nächste Mal das Gefühl haben, von einem Sturm überrollt oder unter einer Schneedecke begraben zu werden, sollten wir daran denken, jemandem zu sagen, wie es uns geht. Denn nur, wenn wir uns umeinander kümmern und Bescheid sagen, wenn wir Hilfe brauchen, können wir unser Chaos entwirren und alles wieder auf die Reihe bekommen. Selbst am schlimmsten Bad-Hair-Day aller Zeiten war Sedna nicht zu stolz, die Hilfe anderer anzunehmen.

THE SELKIE WIFE

und Nein sagen

Schottisch, Schottland

Auch bekannt als
Selchie, Silkie, Kópakonan (Färöer),
Haaf-Fish (Shetland-Inseln),
Marmennlar (Island)

Skills
Schwimmen, Nackt in der Sonne liegen,
Haushaltsmanagement, Singen

Zuständigkeitsbereiche
Familie, Freiheit

Es sind nur sehr wenige Buchstaben. Eine kurze Silbe. Kann ein so kleines Wort so viel Macht haben und so verdammt schwer zu sagen sein? Das »Nein« ist ein verbales Stoppschild, es ist eines der ersten Wörter, die wir Menschen lernen. Unsere Eltern benutzen es, wenn wir ihnen zumuten, im Leoparden-Onesie in die Schule gehen zu wollen, oder uns zu Weihnachten einen echten Bären wünschen. Aber es gehört auch zu den zentralen Dingen, bei denen uns schon sehr früh beigebracht wird, sie *nicht* zu sagen – vor allem, wenn wir als Mädchen aufwachsen. Mädchen werden darauf konditioniert, folgsam zu sein und die Gefühle anderer nicht zu verletzen. Man hat uns beigebracht, dass Neinsagen unhöflich ist. Deswegen fällt es vielen Frauen auch später im Leben noch schwer, Dinge abzulehnen, und wir stimmen allem möglichen Schwachsinn zu, weil wir vermeiden wollen, uns negativ zu äußern (Junggesellinnen-Abschied mit Lasertag auf den Äußeren Hebriden, wer ist dabei?).

Das Unbehagen, das uns beschleicht, wenn wir spüren, Nein sagen zu müssen, ist im Grunde etwas Gutes: Wir möchten keine Ablehnung äußern und wollen auch weder aggressiv noch gefühllos erscheinen. Doch so sehr wir ein herzhaftes Ja unterstützen möchten, es gibt Grenzen. Und tatsächlich können wir diesen gesellschaftlich verordneten Mechanismus wieder verlernen und aufhören, unsere eigenen Bedürfnisse hinter denen anderer zurückzustellen. Wir schaffen es, genug Mumm aufzubringen und dieses mächtige, kleine Wort für uns zu nutzen! Ja, wir können es sogar zu unserer ureigenen Superkraft machen! Die Selkies von den Orkney-Inseln zeigen uns, wie das geht.

Selkies sind außergewöhnliche gestaltwandelnde Wesen aus der schottischen Mythologie, eng verwandt mit dem Meervolk, das ebenfalls in irischen, skandinavischen und isländischen Sagen sowie auf den Färöern vorkommt. »Selkie« ist das Orkney-englische Wort für Seehund. Diese Seehund-Menschen leben die meiste Zeit über im Meer, manchmal aber streifen sie ihr Seehundfell ab und nehmen menschliche Gestalt an. Unter diesem Deckmantel sind sie – die männlichen ebenso wie die weiblichen Selkies – imstande, selbst gleichgültige Männer und Frauen ganz kirre vor Lust zu machen. Wir gucken normalerweise keine Seehunde an und denken, dass sie megaheiß sind (obwohl sie natürlich sehr hübsche Augen haben), aber in zweibeiniger Inkarnation werden sie regelmäßig sexyste Mythengestalt des Jahres. Es gibt in mündlicher Überlieferung hunderte von Geschichten, von denen eine der Orkney-Volkskundler Walter Traill Dennison im späten 19. Jahrhundert als »The Goodman of Wastness« (auf Deutsch etwa »Der Hausvater aus Wastness«) aufgeschrieben hat.

Die Titelfigur war ein gutaussehender, kräftiger und wohlhabender junger Bauer, sagen wir, ein Richard Madden aus Orkney. Die Mädels vor Ort hatten alle ein Auge auf ihn geworfen, er aber hatte alle abgelehnt und sich den Ruf erarbeitet, unentschlossen zu sein – weil er die unverzeihliche Sünde beging, zölibatär zu leben. Er ließ sich nicht bekehren, sondern glaubte, Frauen brächten mehr Ärger, als es wert war, und seien eigentlich nur dazu da, Männer zu nerven. »If yin owld fool Adam hidd-no been bewitched be his wife, he might still be in the Gardeen o'Eden the day« (grob übersetzt: dämlicher Adam; trotzdem alles Evas Schuld).

Eines Tages ging der junge Mann am Strand entlang, als er ein paar Selkie-Menschen nackt auf einem Felsen spielen sah. Sie hatten ihre Felle abgelegt und genossen den FKK-Strand. Er schlich sich heran und klaute das Seehundfell einer Meeresnymphe, bevor diese zurück ins Meer verschwinden konnte. Mit dem Fell unterm Arm ging er weiter an der Küste entlang, bis er auf einmal hinter sich ein Schluchzen hörte. Es war die Selkie-Frau, deren Fell er mitgenommen hatte, und sie bat ihn, es zurückzugeben. Ohne das Fell konnte sie nicht zu ihrem Selkie-Ehemann und dem Rest ihrer Familie zurückkehren. (Originalton: »I cinno live in da sea withoot it. I cinno bide among me ain folk waythoot me selkie skin.«) Seltsamerweise schien der Anblick einer weinenden nackten Frau, die ihn um Gnade anbettelte, genau das zu sein, was dieser zuvor so kaltherzige Mann brauchte – und er verliebte sich auf der Stelle leidenschaftlich in sie. Ekelhaft, wie Männer auf verletzliche Frauen reagieren.*

Der junge Hausvater überredete die Selkie schließlich, mit ihm zu kommen und seine Frau zu werden. Tatsächlich war es wohl weniger Überzeugung als Erpressung, sie hatte ja keine Wahl, denn ohne ihr Fell konnte sie nicht zurück ins Wasser und er weigerte sich, es ihr zurückzugeben. Es stellte sich heraus, dass die Selkie als Landratten-Hausfrau spitzenmäßig war, sie war schön und nett und gebar ihm sieben Kinder, vier Jungs und drei Mädchen, die prächtigsten Kinderchen weit und breit. Von außen betrachtet lebten sie das perfekte Leben, doch die Selkie war tief in ihrem Inneren sehr traurig. Oft stand sie mit suchendem Blick am Meer und manchmal sang sie Lieder, die so ergreifend waren, dass die Tiere aufhörten zu fressen und die Kinder im Spiel zu Salzsäulen erstarrten. Alle, die nur für ihre Haushaltsarbeit wertgeschätzt werden, können das nachfühlen. Abgesehen davon war dies eine Zwangsheirat.

Eines Tages ging der Hausvater mit seinen vier Söhnen ans Meer zum Fischen, die zwei älteren Mädchen blieben am Strand und sammelten Napfschnecken, die jüngste Tochter musste mit einem verletzten Fuß zuhause bleiben. Als nun das Haus so gut wie leer war, begann die Selkie – wie immer, wenn sie alleine war – ihr Fell zu suchen. Die Tochter fragte, was sie

* Nein, natürlich nicht alle Männer. Wir meinen manche Männer, manchmal. Aber oft genug, dass es auffällt.

suche, und die Mutter antwortete, sie suche ein wunderschönes Seehundfell, das die Fußverletzung heilen würde. Die Tochter wusste genau, wo es war, und zeigte es ihr. Mit einem lauten Freudenschrei lief die Selkie zur Küste, warf sich das Fell über und nahm Seehundgestalt an. Sie schwamm durch die Wellen, wo ihr Selkie-Ehemann auf sie wartete, und rief dem Hausvater auf seinem Boot zu: »Farewell tae thee. I lekd thee weel enough fur too war geud tae me, bit I love better me man o'the sea« (oder auch: »Tschüs, ich konnte dich ganz gut leiden, aber mein Selkie-Mann ist mir lieber.«) Die Familie sah die Selkie nie wieder.

Aus dieser theriantropischen* und thalassischen** Sage der Selkie-Frau können wir viel über die Energie des Neinsagens lernen. Sie wurde in ein Leben gezwungen, in dem ihre eigenen Bedürfnisse ganz weit unten rangierten. Oberflächlich betrachtet hatte sie zwar eine große glückliche Familie, genau genommen aber steckte sie in einer toxischen Beziehung, die auf ihrer Abhängigkeit basierte. Die Selkie wusste, dass sie nur im Meer glücklich und ganz sie selbst sein konnte, sodass sie sogleich die Gelegenheit ergriff, als sie dem goldenen Käfig entfliehen konnte. Sie sagte Nein zu ihrem Mann, ihrem Zuhause und ihren Kindern – das ist tatsächlich ein Akt der Ermächtigung.

Wenn also das ständige Jasagen Stress und Ängste verursacht, sollten wir einen guten Weg finden, Nein zu sagen. Und uns dabei nicht entschuldigen, sondern es rasch aussprechen und auch so meinen. Allzu oft nämlich verpacken wir unser Nein in irgendeinen Blödsinn. Beim nächsten Mal sagen wir nicht: »Du bist so eine liebe Freundin und ich würde supergerne dein Auto für dich am Flughafen abholen, aber ich habe eigentlich

* Ein Klugscheißer-Wort, das wir so oft wie möglich in Gesprächen verwenden sollten. Es ist aus den altgriechischen Worten therion (Tier) und anthropos (Mensch) zusammengesetzt und bedeutet »halb Mensch, halb Tier«. Bastet (siehe Seiten 56–61) mit ihrem Katzenkopf ist ebenfalls eine theriantropische Gestalt.

** Bedeutet »aus dem Meer stammend« und ist ebenfalls altgriechisch. Wir geben jetzt mal ein bisschen an.

schon was vor ... wenn das aber für dich echt wichtig ist, dann kriege ich das schon irgendwie hin!« Stattdessen sagen wir direkt: »Ich fürchte, ich kann diesmal nicht, ich habe zu tun.« »Diesmal nicht« ist eine sehr wichtige Phrase, die wir benutzen, wenn wir eine Einladung höflich ablehnen.

Wenn wir nun den Mut aufbringen, jemanden hängenzulassen, sollten wir uns zur Aufmunterung auch vor Augen führen, was wir durch die Absage gewinnen: Wenn wir also für die Geburtstagsfeier der Chefin absagen, malen wir uns aus, wie es sich anfühlen wird, stattdessen im Schlafanzug auf der Couch zu sitzen und Netflix zu gucken.

Wir haben alle unsere eigenen Prioritäten, bei der Selkie waren es ihr erster Mann und ihre Familie. Überlegen wir uns, was wir über das denken, worum wir gebeten werden, und antworten entsprechend. Wenn wir lernen, Nein zu sagen, lernen wir gleichzeitig, Ja zu uns selbst zu sagen. Sagen wir Ja zu den Dingen, die *uns* glücklich machen! Nein, wir gehen nicht auf das dritte Date mit dem schrecklichen Paul aus der Marketingabteilung, nur weil wir wissen, dass ihn unsere Absage tief treffen wird. Stattdessen ziehen wir mit unseren Mädels los zu diesem Pop-up-Laden und trinken Grapefruit-Basilikum-Mimosas. Nein, wir übernehmen es nicht, die Geburtstagsgeschenke für die Kinder der Chefin zu besorgen, sondern verbringen die Mittagspause damit, das nächste Kapitel in diesem Buch, das uns gerade fesselt, zu verschlingen. Das Nein wird unser Selkie-Fell, die Rüstung, die uns davor schützt, dass Leute uns ausnutzen – und die Waffe, mit der wir uns freischwimmen.

DIE WAWILAK-SCHWESTERN

und Resilienz aufbauen

Yolngu, Australien

Auch bekannt als

Wawalag-Schwestern, Wagilag-Schwestern

Skills

Namen vergeben, Tanzen, Landschaften formen, Rituale etablieren

Zuständigkeitsbereiche

Initiation, Fruchtbarkeit

Abgesehen von diesen perfekt filterbearbeiteten Insta-Influencern, die scheinbar ein zauberhaftes Leben voller Glamour, Liebe und Erfüllung genießen (wahrscheinlich die begnadetsten Mythenspinner*innen unserer Zeit), kommt niemand in den Genuss, sein oder ihr Leben ohne jegliche Erschütterung führen zu können. Wenn uns der Boden unter den Füßen mal wackelig erscheint und wir Halt und Resilienz brauchen, suchen wir Inspiration in der Geschichte der Wawilak-Schwestern.

Zu den ältesten noch bestehenden Kulturen der Welt gehört die der Aborigines in Australien, denn erwiesenermaßen lebten bereits vor 65 000 Jahren Menschen in Australien. Sie sind vermutlich aus Asien übers Meer dorthin ausgewandert und haben damit die erste Seefahrt der Welt unternommen. Steigende Meeresspiegel schnitten die Insel dann vom Kontinent ab, bis sehr viel später der Handel mit den Völkern Papua-Neuguineas und Indonesiens begann. Und zwar lange, bevor im 17. Jahrhundert die ersten Europäer eintrafen.

Wie bei vielen anderen in diesem Buch beschriebenen Völkern bedeutete die Ankunft europäischer Boote an der Küste nicht gerade einen Glückstag für die etwa eine Million Bewohner Australiens. Damals lebten die australischen Aborigine-Völker über den ganzen großen Kontinent verteilt und in wunderbar diversen Ökosystemen existierten hunderte von unabhängigen Gruppierungen, die hauptsächlich durch Stammesverhältnisse aneinandergebunden waren und in hunderten verschiedenen Sprachen kommunizierten. Hinsichtlich der Philosophie und Organisation dahinter unterschieden sich diese komplexen Gesellschaften und die Mythen ihrer Gemeinschaften ganz erheblich von jenen der vorwiegend britischen Eindringlinge. Und für Außenstehende ist all das noch immer schwer in allen Details zu verstehen.

Viele der frühen britischen Gelehrten, die Erzählungen und Mythen der Aborigines aufschrieben, haben nämlich eine Menge missverstanden und

ihre eigene Weltsicht einfließen lassen. Abgesehen davon hat man ihnen oft auch nur die »Kinderversion« heiliger Mythen erzählt, denn die ganze Weisheit vieler Sagen ist auch innerhalb der Aborigine-Gemeinschaften nur bestimmten Menschen vorbehalten. Vor allem aber begriffen die Briten nicht, wie eng die Verbindung zwischen den Aborigine-Gemeinschaften und ihrem Land ist. Da viele Gruppierungen Halbnomaden waren, glaubten sie, man könne die Aborigines mal eben woanders hinschicken, damit die britischen Siedler genug Platz hatten, um in der neuen Kolonie ihr Glück zu machen.

Der daraus folgende Gebietsdiebstahl sowie das unsachgemäße Betreten heiliger Stätten führten zu Konflikten zwischen den Aborigines und den Siedlern, die viele Aborigines das Leben kosteten. Hinzu kamen eingeschleppte Krankheiten, sodass die Bevölkerungszahl im Jahr 1901 nur noch etwas mehr als 100 000 betrug. Große Teile der Kolonialregierung glaubten damals, dass die Aborigine-Bevölkerung irgendwann sowieso ganz verschwinden würde und das Problem damit erledigt wäre, doch die Gemeinschaft erwies sich als resilienter als erwartet. Heute leben in Australien etwa 750 000 Aborigines, was 3,1 Prozent der Gesamtbevölkerung Australiens ausmacht. Noch immer werden sie diskriminiert, was eine Folge der brutalen Aneignung ihres Landes sowie der Assimilationspolitik ist, die dazu führte, dass bis in die 1970er Jahre hinein Aborigine-Kinder von ihren Familien getrennt wurden. Schockierenderweise wurde erst 1992 im britischen Recht anerkannt, dass Australien zu dem Zeitpunkt, als die Briten eintrafen und es einnahmen, offiziell den Aborigines gehörte.

Dreh- und Angelpunkt der Aborigine-Mythen ist die Traumzeit. Sie stellt einerseits die mythische Vergangenheit dar, als die Kontinente und ihre Bewohner erschaffen wurden, andererseits verkörpert sie auch die spirituellen Dimensionen von Gegenwart und Zukunft. Da die Aborigines in abgegrenzten Gemeinschaften lebten, sind die Erzählungen über die Traumzeit unterschiedlich, obschon sie manchmal miteinander verbunden sind oder sich aufeinander beziehen. In der Traumzeit ist Australien von übernatürlichen Ahnenwesen bevölkert, die mit ihren Taten nicht nur die Topografie des Landes bestimmen, sondern auch die Gesetze und Gewohnheiten der Menschen. Interessanterweise beziehen sich viele dieser Sagen sehr präzise auf weit entfernte geologische Veränderungen, wie von Wissenschaftler*innen nachgewiesen wurde, unter anderem auf Vulkanausbrüche sowie auf Veränderungen des Meeresspiegels und der Pflanzenwelt. Eine Gruppe von Wissenschaftler*innen hat mehr als 20 Erzählungen aus allen Teilen des Kontinents untersucht, die alle sehr genau einen Anstieg des Meeresspiegels um 120 Meter beschreiben, der vor 18 000 bis 7000 Jahren stattgefunden hat.

Zu den einflussreichsten Mythen der nördlichen Küstenregion Arnhem Land gehört jener über Ahnenwesen namens Wawilak-Schwestern. In Arnhem Land stellt eine große, lebendige Gemeinschaft des Yolngu-Volkes die Mehrheit der Bevölkerung. Die Geschichte der Schwestern wird auf unterschiedlichste Weisen erzählt und oftmals in rituellen Tänzen, mündlichen Darbietungen und Kunstwerken in Szene gesetzt. Es ist eine pralle Erzählung, die in vielerlei Hinsicht zum Nachdenken anregt, doch die ganze Bedeutung kann wohl nur von der eingeweihten Gemeinschaft erfasst werden, für die sie bestimmt ist. Unsere Herangehensweise dagegen kann nur die von Außenstehenden sein. Allein schon der Begriff »Traumzeit«! Er ist eine Übersetzung von Begriffen aus mehreren australischen Aboriginesprachen, der im 19. Jahrhundert von Europäern geprägt wurde und inzwischen vielfach als missverständlich erachtet wird.

Zur Zeit der Schöpfung jedenfalls reisten die Wawilak-Schwestern durchs Land und vergaben huldvoll Namen an Tiere und Pflanzen, wie zum Beispiel Beuteldachs, Yamswurzel und Opossum. Außerdem bestimmten sie, welche davon in Zukunft heilig sein würden und welche nicht. Die ältere Schwester war von einem Mann aus ihrer Gemeinschaft schwanger und als ihre Zeit gekommen war, gebar sie nahe einem Wasserloch mithilfe ihrer Schwester einen Sohn. Als sich die Schwestern nun ein wohlverdientes Abendessen aus den gefangenen Tieren zubereiten wollten, sprangen die ungehörigen Viecher auf, rannten weg und stürzten sich in das Wasserloch. Die Sache eskalierte, als Blut aus der Nachgeburt ins Wasser lief und die große Regenbogenschlange Yurlunggur weckte, die dort wohnte. Yurlunggur erschien und brachte Blitz und Donner, Stürme und Fluten.

Trotz ihrer Ablenkungsmanöver wie Singen und Tanzen und ihrer Versuche, in einer Hütte Schutz zu suchen, fraß Yurlunggur die Schwestern und das Baby. Schließlich aber brachten die anderen Schlangen ihn dazu, die drei wieder hochzuwürgen, denn tatsächlich stammten die Schwestern aus seiner eigenen Stammesgruppe und sollten nicht mal eben zwischendurch verspeist werden. Bei seinen Ausspuckversuchen jedoch drosch Yurlunggur derart um sich, dass ein heiliger Platz für zeremonielle Tänze entstand und die Schwestern von Ameisenbissen wieder zum Leben erweckt wurden. Die gute Zeit aber dauerte nicht lange an, denn Yurlunggur schluckte sie ein zweites Mal - und von diesem Moment an sprach er mit ihren Stimmen und trug, quasi bauchredend, ihre Weisheit ins Land. Fortan erschienen die Schwestern den Männern der Gegend im Traum und lehrten sie die zum Leben notwendigen Rituale.

Schlangen sind übrigens die heißesten Figuren der Mythenwelt. Wie dem vielbeschäftigten britischen Schauspieler Jim Broadbent geht ihnen nie die Arbeit aus und sie tauchen ständig irgendwo auf, wo man sie nicht erwartet, mal als phallische Fruchtbarkeitstotems, mal als chaotische Drachen, als Personifikation des Bösen oder gar der Wiedergeburt. Sowohl in Gestalt eines Regenbogens, der Himmel und Erde verbindet und nahrhaften Regen bringt, als auch durch ihre Körperform, die den natürlichen Kreislauf von Leben und Tod darstellt, ist die Schlange ein universelles Ahnenwesen, das in allen australischen Aborigine-Kulturen existiert. Yurlunggur taucht unter den unterschiedlichsten Namen auf, manchmal weiblich, manchmal männlich, zuweilen auch geschlechtslos, doch immer als Macht, die genauso schöpferisch wie zerstörerisch ist. In der Sage der Wawilak-Schwestern kann er einerseits als männlicher Angriff auf Frauen interpretiert werden, andererseits auch positiv als Mutterleib, der sie aufnimmt, um ihre Wiedergeburt zu ermöglichen.

Interessant an dieser Geschichte ist, dass die Kulturhelden weiblich sind und dass sie diese urweltliche Mutter-Erde-Show inklusive Kindesgeburt durchziehen, ebenso aber auch den zivilisatorischen Akt der Welterschaffung vornehmen, indem sie allem Lebenden Namen geben und Unterschiede festlegen sowie religiöse Zeremonien erschaffen. Das Wissen darüber, was heilig ist und was tabu, wer zur Stammesgruppe dazugehört und wer nicht, all das ist in vielen Aborigine-Gruppierungen Teil der zentralen organisatorischen Grundlagen ihres Zusammenlebens. Für die Yolngu ist es übrigens essentiell, dass die Menschen außerhalb ihrer Stammesgruppe heiraten, sodass in manchen Versionen der Geschichte die Geburt des Sohnes der älteren Schwester den Punkt markiert, an dem festgelegt wurde, dass Kinder automatisch einer anderen Stammesgruppe angehören als die Mutter. In einigen Berichten ist es Yurlunggurs Angst davor, eigene Stammesangehörige zu fressen, die ihn dazu bringt, die Schwestern wieder hervorzuwürgen (aber jetzt bitte nicht zu früh freuen und schon Willkommensschilder aufhängen, denn sie werden zu Stein). Das Kind dagegen gehört einer anderen Gruppe an.

Diese Geschichte erklärt auch, warum bei den Yolngu wie auch bei anderen australischen Aborigine-Gruppierungen Männer die Kontrolle über bestimmtes religiöses Wissen und über religiöse Zeremonien besitzen. Auch in vielen anderen Ecken der Welt, von Südamerika bis Papua-Neuguinea, gibt es Mythen, die besagen, dass die Macht ursprünglich bei den Frauen lag. Weil diese aber einen Fehler begingen, liegt sie nun bei den Männern. Die mesopotamische Sage über den großen weiblichen Seedrachen Tiamat, der vom Krieger Marduk erstochen wurde, ist die berühmteste dieser Erzählungen und wird als Versinnbildlichung einer allmählichen Machtverschiebung von den Erdgöttinnen hin zu den Himmelsgöttern interpretiert, die heute noch in den Weltreligionen vorherrschen.

Die Rituale, die aus der Sage der Wawilak-Schwestern hervorgingen, gleichen Initiationsriten, die Jungen durchlaufen, um Männer zu werden, und die vor Frauen komplett geheim gehalten werden. Solche männlichen Initiationsriten werden häufig dahingehend interpretiert, dass sie einen Tod darstellen, damit die Wiedergeburt als Erwachsener vollzogen werden kann, und ein Zeichen dafür sind, dass Jungen von ihrer Mutter getrennt werden, um in die Gemeinschaft anderer Männer einzutreten. Bei diesen Riten vergießen die Initiierten wie auch andere Männer etwas von ihrem eigenen Blut, um so die Erfahrung der Schwestern nachzuvollziehen und um zentrale Punkte der Erzählung nachzuspielen. In vielen Kulturen erfordern Initiationsriten ein gewisses Durchhaltevermögen: Schmerz gehört zum Leben und muss gespürt werden, um in der Erwachsenenwelt bestehen zu können.

Es gibt auch Versionen der Geschichte, in denen statt der Nachgeburt das Menstruationsblut der Schwestern die Schlange reizt. In jedem Fall aber ist es etwas biologisch Weibliches, das produktive Energie besitzt und damit die Handlung in Gang setzt. Kindesgeburt und Menstruationszyklus* werden oft so interpretiert, dass sie die Frauen mit den Jahreszeiten, anderen Naturphänomenen wie den Mondphasen und der Schöpfung sowie dem Tod in Verbindung bringen – alles mächtige Naturgewalten. Blut ist in vielen verschiedenen Kulturen sowohl heilig wie auch tabu. In

* Die menschliche Menstruation ist tatsächlich sehr interessant. Nicht nur, weil wir laut Tamponfirmen auch dann super Rollerbladen und Volleyballspielen können, wenn wir Besuch von der Erdbeerfee haben. Nur wenige andere Tiere menstruieren (einige Primaten, Fledermäuse und absurderweise die Elefantenspitzmaus) und kaum andere erleben eine Menopause, mit Ausnahme einiger Wale. Andere Säugetiere erschaffen ebenfalls eine kuschelige Gebärmutterschleimhaut für ein potenzielles Baby, aber erst, sobald das Baby unterwegs ist. Eine Theorie, warum die meisten XX-Frauen regelmäßig eine Gebärmutterschleimhaut produzieren und diese wieder abstoßen, wenn sie nicht gebraucht wird, ist die, dass sich menschliche Embryos so selbstbewusst in der Gebärmutter einnisten, dass die Schleimhaut bereits fertig sein muss, um die Mutter vor den Bedürfnissen ihres Nachwuchses zu schützen – Babys sind nämlich sehr effiziente Parasiten.

einigen Kulturen bleiben die Frauen während der Menstruation von der Gemeinschaft getrennt und müssen gewisse Verhaltensregeln beachten, vor allem hinsichtlich Sex und Lebensmitteln. (Der Teil der Geschichte der Wawilak-Schwestern, in dem die Tiere aus dem Kochtopf springen, deutet dies an, denn nach dem Kochen ist das Fleisch nicht mehr blutig.)

Wie aber sollen uns die Wawilak-Schwestern etwas über Resilienz beibringen, wo doch ihre eigene Geschichte beinhaltet, dass sich ihre Macht verringert? Eine Lesart ist, dass die Schwestern in den wichtigsten, spirituellsten und simpelsten Dingen weiterleben und durch die Sprachen und Riten, die sie inspiriert haben, immer wieder ins Leben zurückgerufen werden. Auf diese Weise überleben sie es nicht nur aufgefressen (und wieder ausgespuckt und wieder gefressen) zu werden, sondern werden auch Teil der Regenbogenschlange, die ebenfalls ein Symbol zeitlicher Kreisläufe ist. Sie haben es nicht leicht, da können wir sicher sein, aber in ihrem Schicksal liegt die Akzeptanz, dass nun einmal schlimme Dinge passieren und Veränderungen unausweichlich sind. Sie werden von ihren Peinigern verschluckt, aber nicht völlig kaltgemacht – ihre Bedeutung und Wirkung wird noch heute gefeiert. Wir lassen zu, dass ihre Geschichte unser Blut zum Kochen bringt, und denken daran: Das Leben ist hart, wir sind es auch.

RANGDA

und gerne Single sein

Balinesisch, Bali

Auch bekannt als
Calon Arang, Königin des Todes,
Königin der Leyaks

Skills
Hexen, Tanzen, Kinder essen,
Landplagen organisieren

Zuständigkeitsbereiche
Tanzen für die Ewigkeit,
Für Gleichgewicht sorgen

Wir alle kennen die Geschichte. In einem überfüllten Raum treffen sich ihre Blicke, ein Meet-Cute. Sie verlieben sich heftig ineinander. Auf grausame Weise werden sie getrennt. Sie finden sich wieder und leben glücklich bis an ihr Ende.

Dieses beliebte Trope wird seit Jahrtausenden von Geschichtenerzählern als Traumszenario dargestellt und es beeinflusst maßgeblich die Art und Weise, wie unsere Gesellschaft Singles wahrnimmt und vor allem, aber das versteht sich ja von selbst, Singlefrauen. Solange aber Glück und romantische Beziehungen als Traumpaar gelten, werden wir auch danach beurteilt, ob wir mit jemandem zusammen sind oder nicht. Auf Frauen lastet massiver Druck, häuslich zu werden, zu heiraten und Kinder zu kriegen – überall. (Und nein, es ist nicht bloß unser Onkel, der ständig denselben »Und immer wieder die Brautjungfer«-Witz reißt und dazu dieses Tick-Tack-Geräusch macht. Jedes Mal, wenn wieder jemand heiratet. Jedes. Einzelne. Mal.) Ein Blick ins Zeitschriftenregal zeigt uns, wie bösartig diese Paarungs-Propaganda ist: »Zehn Arten, wie du Männer auf dich aufmerksam machst«, »Warum sich Männer zurückziehen (und was du tun musst, wenn das passiert)«, »Was Männer zum Heiraten bringt« – traurigerweise sind das alles echte Beispiele aus Magazin-Headlines. Egal, wohin wir schauen, überall wird das Alleinleben in erstaunlich negativem Licht dargestellt, wo doch aktuelle wissenschaftliche Veröffentlichungen nahelegen, dass kinderlose Singlefrauen glücklicher sind als Gleichaltrige mit Kind. Es heiraten weniger Menschen und mehr Leute sind Single. Die Geschichte der wunderbar wilden Göttin Rangda ist eine heilsame Erzählung darüber, wie wir Zeit für uns annehmen können.

Auf der indonesischen Insel Bali stellt Rangda eine wichtige Figur der balinesisch-hinduistischen Mythologie dar, in der kein Dämon und keine Gottheit ausschließlich gut oder böse ist. Rangda ist die weibliche Verkörperung negativer göttlicher Energie, die in einem ewigen Streit mit

ihrem Gegenspieler Barong liegt, der (natürlich männlichen) Verkörperung positiverer Attribute. Barong sieht aus wie ein Löwe mit prachtvoller, üppig fließender Mähne, während Rangda erschreckend wenig Liebreiz besitzt und langes, struppiges Haar, einen schwarz-weiß gestreiften Körper, tiefrote, bluttriefende Reißzähne, riesige Glubschaugen und eine meterlange, leuchtend rote Zunge hat, die ihr bis auf den Boden hängt. Sie erinnert an die Hindugöttin Kali, mit der sie verwandt ist. Geweihte Masken von Rangda und Barong werden in Dorftempeln aufbewahrt und benutzt, wenn bei Festen die berühmte Geschichte der beiden Gottheiten aufgeführt wird. Die balinesische Mythologie ist jedoch nicht so schlicht, dass Rangda = böse und Barong = gut ist. Rangdas besondere Kräfte können in der Tat heilen und die Kräfte von Barong, dem alten Gutmenschen, werden auch immer mal wieder missbraucht.

Rangda war ursprünglich eine furchterregende Witwe namens Calon Arang (Rangdas Name stammt von dem alten javanischen Wort für Witwe ab) und zudem eine mächtige Hexe. Calon Arang hatte eine wunderschöne Tochter, die Ratna hieß und trotz ihrer Schönheit keinen Ehemann fand, weil alle einen Höllenrespekt vor ihrer wirklich furchteinflößenden Mutter hatten. Calon Arang geriet zum Beispiel mal mit den Nachbarn in Streit darüber, dass ihre Tochter schlecht behandelt wurde, und opferte kurzerhand ein Mädchen aus dem Dorf der Göttin Durga*, die daraufhin eine Überschwemmung losließ, in der das halbe Dorf starb. Der Gesandte des Königs schickte dann einen Mann namens Mpu Bahula, um Calon Arangs Tochter zu heiraten und damit das Chaos zu beenden. Die Hochzeit dauerte sieben Tage und sieben Nächte. Mpu Bahula hatte gehört, dass Calon Arang für ihre Zauber ein magisches Buch benutzte. Und während sie nach der epischen, sieben Nächte langen Party ausschlief, stahl er das Buch und brachte es seinem Chef. Calon Arang wurde natürlich

* Durga ist eine umwerfend schöne, goldene, zehnarmige Kriegergöttin, die auf Löwen reitet und eng verwandt ist mit der wilderen, Dämonen mordenden Göttin Kali.

fuchsteufelswild und schilderte alles dem Gesandten des Königs. Der Macht ihres Zauberbuches beraubt, verlor sie jedoch die darauffolgende Schlacht und das Dorf hatte seine Ruhe vor ihr.

In einer anderen Erzählung ist Rangda die Königin der *Leyaks* (Geistern der schwarzen Magie, die sich von Menschen ernähren, besonders gerne schwangeren Frauen – na toll!). In dieser Sage war Rangda ursprünglich eine javanische Prinzessin, die hobbyweise ein bisschen hexte. Als sie verwitwet war, verbannten ihre Söhne sie und schickten sie in den Dschungel. Rangda nahm schreckliche Rache am Königreich ihrer Kinder: Sie rief alle *Leyaks* zusammen, die dann mit Pestilenzen, Seuchen allgemein und schlechten Zeiten schwere Verwüstungen anrichteten. Ihre Söhne sandten Soldaten aus, um mit ihr zu verhandeln, doch sie überwand die Krieger und schmückte sich mit deren Eingeweiden. Die Söhne mussten dann den guten alten Barong zu Hilfe holen. Das folgende Duell zwischen Rangda und Barong wird in Tänzen dargestellt, die bei Bali-Touristen sehr beliebt sind und aufgeführt werden, um Gut und Böse im Gleichgewicht zu halten.

In diesen Geschichten wird Rangda als typische Außenseiter-Singlefrau dargestellt, gefürchtet und geschmäht, mit einem kleinen Faible für dämonischen Wahnsinn und wie besessen vom Beziehungsstatus ihrer Tochter. Wir nehmen sie also als Frau wahr, die im ewigen Kampf gegen patriarchale Ansprüche gefangen ist, und ebenso als Quell unglaublicher Macht: Am Ende wird sie nämlich von den Dörflern verehrt, weil sie sie vor Dämonen bewahrt hat. Balinesische Mythen sind komplex und nuanciert, in den dazugehörigen epischen Tänzen spiegelt sich der Fluss von Gut und Böse wider. Das Ritual stellt das Gleichgewicht wieder her, doch bringt es nur eine kurzfristige Lösung, denn das Leben ist komplex und unterliegt stetigem Wandel.

Auch wir können die Geschichte umschreiben. Wir verändern die Vorstellung, dass Single sein bedeutet, dass wir auf der Suche nach der wahren Liebe sind, dahin, dass wir stattdessen eine gute Beziehung zu uns selbst haben. Das Leben alleine genießen heißt ja nicht, dass wir nie wieder mit jemandem zusammen sein wollen (falls das so ist). Es heißt nur, dass wir uns dadurch nicht definieren lassen wollen. Wir müssen nicht die Hälfte von etwas sein, um uns ganz zu fühlen. Und wenn wir beschlossen haben, uns zu trennen, denken wir an all das Gute, was jetzt kommt – eben dadurch, dass wir Single sind: Wir stürzen uns kopfüber in ein wunderbares Hobby – Kalligraphie! Karate! Curling! –, das wir vor lauter Zweisamkeit vernachlässigt hatten. Wir haben mehr Zeit für Freund*innen und Familie. Wir sparen und reisen, wohin wir wollen (Bali klingt verlockend), sofern wir das können. Singles sollten nicht behandelt werden wie alte Hexen im Wald, und es ist wichtig, sich daran zu erinnern, dass auch die mit sich selbst verpartnerte Rangda nicht alleine war: Als Calon Arang hatte sie ein enges Verhältnis zu ihrer Tochter, die vielen *Leyak*-Freundinnen nicht zu vergessen. Wir nehmen das Alleinleben an und haben ein Date mit uns selbst: Ziehen unsere schönste Unterwäsche an, reservieren in einem angesagten Restaurant und kümmern uns nur um uns. Wir geben uns nicht bloß damit zufrieden, sondern machen uns selbst ein sehr schönes Leben.

BEAIVI

und auf die mentale Gesundheit achten

Samisch, Skandinavien und Russland

Auch bekannt als
Beiwe, Beivve, Biejje

Skills
Licht bringen, Butter schmelzen,
Rentier-Zorbing

Zuständigkeitsbereiche
Schöpfung, Frühling, Fruchtbarkeit,
geistige Gesundheit

Weltweit leiden rund 450 Millionen Menschen an mentalen Gesundheitsproblemen. Jede vierte Person hat irgendwann in ihrem Leben mit einem psychischen Gesundheitsproblem zu kämpfen, und damit gehören diese zu den am weitesten verbreiteten Krankheitsursachen der Welt. Der springende Punkt dabei ist jedoch, dass eine suboptimale psychische Gesundheit auch schreckliche Folgen für unsere physische Gesundheit hat: Unser Immunsystem gerät aus dem Gleichgewicht, es kann zu Über- oder Unterernährung kommen, zu Konsum von Drogen und Alkohol als Selbstmedikation sowie zu Selbstverletzungen. Mit einer

Studie konnte bewiesen werden, dass uns psychische Krankheiten größeren Schaden zufügen als Rauchen. Das Traurigste aber ist, dass fast zwei Drittel aller Menschen mit psychischen Problemen diese nie behandeln lassen.

Wir sollten unseren wunderbaren Geist genauso wertschätzen wie unseren Körper und die psychologischen Verletzungen, die wir im Laufe unseres Lebens erleiden (Einsamkeit, Ablehnung, Scheitern) ebenso annehmen wie unsere körperlichen Leiden. Sie sollten in Gesprächen an erster Stelle stehen und wir sollten uns klarmachen, dass das nicht alles bloß Einbildung ist. Die Sami*, ein indigenes finno-ugrisches Volk, das noch heute in Teilen Norwegens, Schwedens, Finnlands und Russlands lebt, waren ihrer Zeit schon immer weit voraus was Menschen betrifft, die im Alltag nicht ohne Weiteres zurechtkommen.

Die Kultur der Sami reicht mehr als drei Jahrtausende zurück und die rund 100 000 Sami, die heute noch in Skandinavien und Russland leben, tun viel dafür, dass diese Kultur erhalten bleibt. Aufgrund von Gebietsannektierungen und Besatzungen durch verschiedene europäische Länder drohte die samische Kultur in den vergangenen Jahrhunderten mehrmals ausgelöscht zu werden. Im Jahr 1989 konnte jedoch ein samisches Parlament bestellt werden, wodurch das Volk wichtige Rechte zurückerlangte. In Norwegen und Schweden beispielsweise ist die Rentierzucht ausschließlich den Sami vorbehalten. Das Halten von Rentieren ist schon immer ein zentraler Punkt im Leben der Sami gewesen. Ihre Mythologie, die eng mit Animismus und Schamanismus verwoben ist, verdeutlicht, wie tief ihre Kultur in der Natur verwurzelt war und noch immer ist. Bis zur Christianisierung im 18. Jahrhundert wurden Tiergeister verehrt, vor allem Bären und

* Die Sami (oder Samen) wurden früher in anderen Sprachen Lappländer genannt, obwohl sie sich selbst immer als Sami bezeichnet haben. Da der Wortteil »Lapp« in germanischen Sprachen an Lappen oder Lumpen erinnert (obwohl er vermutlich aus dem Finnischen kommt und »an der Grenze« bedeutet), war durch diese Bezeichnung die Abwertung implizit, dieses Volk sei so arm, dass sie ihre Kleider aus Lappen zusammennähten.

Rentiere. Auch der Ahnenkult war übrigens sehr wichtig und einige Sami-Götter waren nordischen Göttern nicht unähnlich. Zwar ist es schwierig, eine ganze Kultur von außen zu deuten, doch die Geschichten und Lieder erzählen uns von der engen Verbundenheit der Sami zur Natur um sie herum.

Das Land der Sami ist voller Extreme und die Jahreszeiten haben großen Einfluss darauf, wie ihr Leben aussieht. Die Winter sind lang und so dunkel, dass es manchmal kaum Tageslicht gibt. Kein Wunder, dass Beaivi, die samische Göttin der Sonne, des Frühlings und der geistigen Gesundheit, so bedeutend war – und die Rituale, die ihre Wiederkehr am Ende des Winters begleiten, so lebenswichtig sind. Beaivi bringt das Leben mit Sonnenschein und Tageslicht zurück, die Pflanzen wachsen, alles blüht auf, es ist weniger kühl, aber alle fühlen sich ein bisschen cooler. In einigen Darstellung wird Beaivi von ihrer Tochter *Beaivi Neid* begleitet und die beiden reisen in einem krassen Kugelgeflecht aus Rentiergeweihen* über den Himmel; und in anderen Kunstwerken trägt Beaivi sogar selbst ein Rentiergeweih. Welche Bedeutung die Sonne für die Sami hat, sieht man schon an ihrer Flagge – eine der stylischsten, die wir je gesehen haben. Sie leuchtet bunt in Rot, Blau, Gelb und Grün, ein Kreis bildet das zentrale Element.

Zu jeder Wintersonnenwende opferten die Sami der Beaivi eine weiße Rentierkuh oder ein anderes weißes Tier, womit sie um ihre Rückkehr baten. Nach dem Opferritus wurde das Fleisch auf lange Stöcke gezogen und diese zu einem Kreis gebogen (im Prinzip eine Art Döner-Schleife), der als Symbol für die Sonne gilt. Am Ende des Winters schmierten die Sami Butter auf ihre Türschwellen, damit Beaivi genug Energie für die Rückkehr hatte. Wenn die Butter in der Sonne schmolz, galt dies als Signal dafür,

* Der Nikolaus war also nicht der Erste, der ein Rentier-Gefährt zum Transport über den Himmel benutzt hat! Die baltische Sonnengöttin Saule zum Beispiel ist auch in einem von Pferden gezogenen Himmelswagen unterwegs, etwa so wie der berühmte griechische Himmelsgott Helios und die nordische Sonnengöttin Sól, wobei Letztere auf ihrer täglichen Fahrt von einem Wolf verfolgt wird, so als zusätzlicher Anreiz.

dass sie unterwegs war. Zur Sommersonnenwende wurden Blätterreigen geformt und buttrige Speisen genossen, um den Höhepunkt ihres Wirkens zu feiern.

Abgesehen von diesen Ritualen beteten die Sami auch zu Beaivi, damit diese Menschen mit psychischen Problemen half. Sie wussten, dass die langen, düsteren Wintermonate Niedergeschlagenheit und dunkle Verzweiflung hervorrufen konnten. Sie wussten aber auch, dass Beaivi Freude sowie Optimismus bringen und Menschen sowohl im übertragenen Sinne wie auch wortwörtlich aus der Dunkelheit herausführen konnte.

Die Winterdepression wurde erst in den 1980er Jahren als Leiden anerkannt, doch die Sami kennen es bereits seit Jahrhunderten. Es ist gar nicht lange her, da nahm man Winterdepressionen noch nicht ernst, doch inzwischen wissen Gesundheitsexperten, dass sowohl eine Überproduktion des Schlafhormons Melatonin wie auch ein Mangel an dem Glückshormon Serotonin Depressionen verursachen können, wobei beides davon abhängt, wie viel Sonnenlicht wir abbekommen. Es gibt Auftrieb, sich bewusst zu machen, dass es schon vor Urzeiten eine indigene Gemeinschaft gab, die der psychischen Gesundheit große Bedeutung beigemessen hat. Indem sie sich um ihre Leute gekümmert haben, konnten sie die Einsamkeit, die eine Depression mit sich bringt, durchbrechen.

So wie die Sami regelmäßige gemeinschaftliche Rituale dazu genutzt haben, ihre psychische Gesundheit zu schützen und zu pflegen, können auch wir im Alltag für unsere geistige Gesundheit sorgen und zusätzlich entsprechende Rituale etablieren. Sobald wir leiden, wird es möglicherweise schwer, sich aus der Gedankenspirale zu lösen, es fühlt sich vielleicht so an, als ob wir in einem endlosen Winter eingeschlossen wären. Wie aber können wir dem Hamsterrad negativer Grübeleien entgehen, wie können wir aufhören, endlos auf den immer selben Gedanken herumzukauen und uns selbst davon überzeugen, dass Beaivi und ihre heilenden Sonnenstrahlen irgendwann am Horizont erscheinen werden? Wir sollten als Erstes aufhören, uns selbst weiszumachen, dass unsere Probleme nicht wichtig genug sind. Jede Person braucht und verdient hin und wieder eine helfende Hand. Sprechen wir mit unseren Freund*innen. Und: Schlaf ist wichtig, wir sollten jeden Abend zur gleichen Zeit ins Bett gehen. Wir können auch lernen, unseren Stress zu bewältigen, indem wir uns jeden Tag zehn Minuten freihalten und dann Atemübungen machen, meditieren, lesen, Yoga praktizieren oder einfach aus dem Fenster gucken – was immer uns runterbringt. Zusätzlich hilft es, auf unseren Hormonzyklus zu achten, uns Zeit zum Nachdenken zu nehmen, aktiv zu bleiben und vernünftig zu essen. Wir sollten auch nicht zu viel Alkohol trinken – und wenn doch, müssen wir damit rechnen, dass uns am nächsten Morgen alles sehr negativ und unverhältnismäßig erscheint. Neuere wissenschaftliche Erkenntnisse belegen, dass es positive Auswirkungen auf unser geistiges Wohlbefinden hat, ans Meer zu fahren (oder an irgendein anderes Gewässer, im Notfall tut es sogar ein Brunnen). Vielleicht folgen wir auch der japanischen Tradition des Waldbadens und gehen unter Bäumen spazieren. Alle, die nicht so gerne in der Natur sind, können beispielsweise ins Museum gehen oder in eine Galerie (egal ob real oder virtuell) und sich dort inspirieren lassen. Wenn wir akzeptieren, dass wir nicht alles kontrollieren können, wirkt das schon sehr befreiend. Und denken wir daran: Egal, wie schlimm es gerade erscheint, die Welt dreht sich weiter, wälzt sich durch die Jahreszeiten, und obwohl immer wieder ein Winter kommt, geht auch immer wieder die Sonne auf.

PELE

und einen kühlen Kopf bewahren

Hawaiianisch, Hawaii

Auch bekannt als
Die Heilige-Erde-Formende, Madam Pele, Tutu Pele, Die Erde-Verschlingende, Die Röte des Feuers

Skills
Diskutieren, Felsen und Lava werfen, Land zerstören, Land erschaffen

Zuständigkeitsbereiche
Feuer, Blitze, Wind, Vulkane

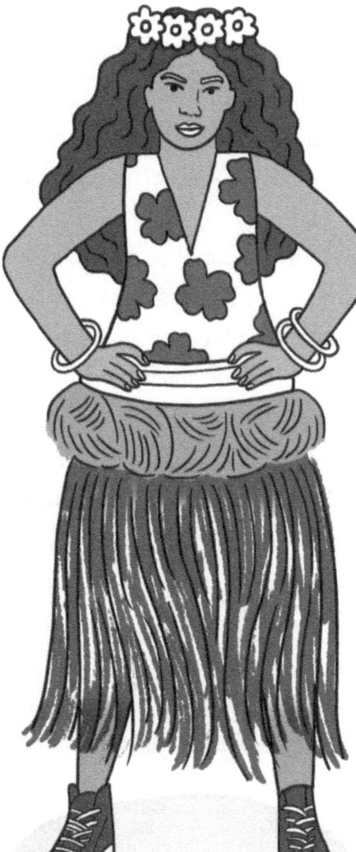

Wann sind wir zum letzten Mal so richtig wütend gewesen? Wann haben wir zum letzten Mal rotgesehen oder sind in die Luft gegangen? Haben gespürt, dass die Augen funkeln und buchstäblich das Blut kocht? Alle Begriffe, die wir verwenden, um Wut zu beschreiben, erinnern an die hitzige hawaiianische Feuergöttin Pele. Wenn Pele ihren Kopf verlor, hat sie nicht bloß einen metaphorischen Schwelbrand ausgelöst, sondern im wahrsten Sinne des Wortes eine Explosion aus Flammen und flüssigem Stein.

Der Legende nach war Pele schon immer eine Zündlerin. Hineingeboren in die Familie der obersten polynesischen Gottheiten, die von der Erdgöttin Papa und dem Himmelsgott Wakea abstammten, musste sie ihr Zuhause in der Götterheimat Kahiki verlassen, weil sie ihre Schwester, die Meeresgöttin Namakaokaha'i, genervt hat, indem sie ständig Sachen in Brand steckte (es gibt auch eine Version, in der Pele mit Namakaokaha'is Mann schläft – Pele war eben in jeder Hinsicht heiß).

Von ihrem ältesten Bruder Kamohoali'i, dem Gott der Haie, bekam sie ein Kanu und machte sich zusammen mit einem Trupp weiterer Geschwister auf den Weg, um eine neue Heimat zu finden. Das erwies sich als gar nicht so einfach, denn die sture Namakaokaha'i überflutete jede Insel, die Pele aussuchte – bis sie endlich Hawaiis Big Island fand, deren Berg Mauna Loa so hoch war, dass alle Versuche der Meeresgöttin, auch diese Insel zu fluten, vergebens waren. Pele machte es sich im Halema'uma'u-Krater des Vulkans Kilauea gemütlich, womit sie die wohl luxuriöseste Fußbodenheizung aller Zeiten besaß.

Auf dem Weg von Kahiki zu ihrer neuen Heimat hatte Pele ein ungewöhnliches Gepäckstück bei sich: Ein Ei, das sie in ihrer Achselhöhle wärmte. Aus diesem Ei schlüpfte ihre Lieblingsschwester Hi'iaka, die Göttin der Wolken. Pele und Hi'iaka waren allerbeste Freundinnen, bis Peles ungeduldiges Temperament irgendwann die Oberhand gewann. Dieser

Zwist gehört zu den bekanntesten Geschichten über die hitzige Lieblingsgöttin.

Eines Nachts hörte Pele im Schlaf die verlockenden Klänge des heiligen Hula-Tanzes von der nahen Insel Kauai herüberwehen. Ihr Geist verließ ihren Körper und folgte der Musik, wo sie Häuptling Lohiau tanzend antraf. Seine Moves waren so beeindruckend, dass sie sich Hals über Kopf in ihn verliebte. Die beiden verbrachten mehrere Nächte voller Leidenschaft, bis der Zeitpunkt gekommen war, an dem Peles Geist in ihren Körper zurückkehren musste.

Als Pele wieder zuhause war, bat sie Hi'iaka, ihr einen Gefallen zu tun. Sie sollte Lohiau abholen und zu ihr bringen. Pele gab ihrer kleinen Schwester allerlei hilfreiche Dinge mit (unter anderem einen Rock aus Blitzen, was ziemlich cool klingt) und sagte: »Nichts wird dich aufhalten. Du besitzt die Macht einer Frau, die Macht eines Mannes ist nichts dagegen.«* Gut, dass Hi'iaka so gut ausgerüstet war, denn das Unternehmen, Lohiau abzuholen, war nicht nur problembelastet und gefährlich, sondern es stellte Hi'iakas schwesterliche Zuneigung ziemlich auf die Probe. Vor allem, weil Lohiau tot war, als sie ankam, und sie ihn erstmal wiederbeleben musste. Und dann war er auch noch so verdammt attraktiv. Aber Hi'iaka hatte versprochen, nichts mit ihm anzufangen – als Gegenleistung für die Göttinnen-Variante vom Blumengießen während des Urlaubs: Pele kümmerte sich nämlich derweil um ihren heiligen Garten.

Unglücklicherweise fand Pele irgendwann, dass die Reise ihrer Schwester verdächtig lange dauerte, und glaubte, Hi'iaka hätte ihr den Liebhaber weggeschnappt. Und was macht eine Feuergöttin wohl, wenn sie meint, dass sie derart respektlos behandelt wird? Nun, als Hi'iaka nach Hause

* Diese Erzählung über Hi'iaka wurde übrigens 1915, zusammen mit anderen Geschichten, die Hawaiianer ihm erzählten, von dem weißen Arzt und Missionarssohn Nathaniel B. Emerson veröffentlicht. Emerson widmete sein Buch Königin Lili'uokalani, die auf Hawaii regierte, bis die Inseln 1898 von den USA annektiert wurden.

zurückkehrte, war ihr Garten in Schutt und Asche gelegt und ihre Geliebte Hopoe, die dort gerne getanzt hatte, war in Lava versteinert. Nun aber war selbst Hi'iaka echt sauer und knutschte Lohiau direkt vor Peles Nase am Kraterrand – also verbrutzelte Pele auch ihn.

In manchen Versionen hat diese Geschichte ein Happyend, bei dem Pele Lohiau noch einmal wiederbelebt (der arme Kerl, was für ein Hin und Her) und ihm erlaubt, sich mit Hi'iaka zusammen vom Acker zu machen. Pele hat stattdessen eine flüchtige Romanze mit Kamapua'a, dem Schweinegott der Landwirtschaft. Diese total dysfunktionale Beziehung war von ständigem Lava-Geschmeiße und Getrampel durchs Unterholz geprägt. Nicht ausgeschlossen, dass dies für Hawaiis einzigartig schöne, diverse und fruchtbare Landschaft gesorgt hat.

Pele ist eine intensive Göttin, die Respektlosigkeit gar nicht leiden kann. In einer anderen Legende erfreute sich ein Häuptling namens Kahawali daran, supergut einen Hügel hinabrodeln zu können, und ringsum jubelte man ihm zu. Dann erschien eine alte Frau und forderte ihn zu einem Wettrennen auf. Er lehnte ab – nur um bei der nächsten Fahrt festzustellen, dass hinter ihm eine flammend wütende Göttin auf ihrem eigenen Lavastrom den Hügel hinabritt. Er musste sich schleunigst verziehen und auf eine entfernte Insel auswandern, um ihr zu entgehen.

Da der Kilauea so ziemlich der aktivste Vulkan von allen ist und zwischen 1983 und 2018 eigentlich ständig ausbrach und Häuser und Wälder zerstörte, ist es wenig verwunderlich, dass noch immer Menschen Opfergaben für Pele an den Kraterrand bringen (sie ist besonders heiß auf die roten Lehua-Blüten eines Myrtenbaums).

Um den Nationalpark zu schützen, wurde ein moderner Mythos gestrickt, der besagt, dass sie schwer beleidigt ist, wenn Leute denken, sie könnten einfach einen Stein als Souvenir mitnehmen. Die Nationalparkverwaltung in Hawaii bekommt daher jedes Jahr eine Menge Päckchen mit Steinen und Lavastücken zurück und dazu Briefen von Leuten, die erzählen, wie viel Pech sie gehabt haben, seitdem sie gegen Peles Willen Steine geklaut hatten.* Noch immer erscheint sie in der Nähe ihres Zuhauses, manchmal um vor bevorstehendem Ärger zu warnen, oftmals in Gestalt einer alten, zigarettenrauchenden Frau mit einem kleinen weißen Hund.

Pele ist eine absolut ehrfurchtgebietende Göttin, wie sich alle sofort vorstellen können, die schon mal Bilder von Vulkanausbrüchen gesehen haben. Sie wird gleichermaßen geliebt wie gefürchtet und ist eine ebenso zerstörerische wie schöpferische Kraft – ihre Eruptionen haben seit 1983 im hawaiianischen Archipel sieben Hektar neues Land geschaffen.** Pele symbolisiert die Macht der Natur und den Wunsch, sie zu respektieren statt auszubeuten.

Peles draufgängerische Einstellung hat aber etwas ebenso Befreiendes wie ihr Temperament, das ihren Gefühlen freien Lauf lässt.

Wut ist ein mächtiges Gefühl. Es sorgt dafür, dass wir etwas ändern, das ungerecht ist. Sie kann aber auch – wie die arme Hopoe erfahren musste – sehr destruktiv sein, wenn diese Emotion nicht kanalisiert und vernünftig ausgedrückt wird. Selbst berechtigtste und absolut kontrolliert ausgesprochene Äußerungen der Wut können für andere problematisch sein. Wut wird unterschiedlich wahrgenommen, je nachdem, wer die wütende Person ist. Häufig wird sie als aggressiver empfunden, wenn sie von People of Colour kommt, und als Zeichen mentaler Instabilität gewertet, wenn Frauen sie ausdrücken. In vielen Kulturen werden Frauen angeregt, Freundlichkeit

* Weitere bekannte Unterweltgöttinnen mit großen Rachegelüsten (und ebenfalls Töchter von Erdgöttinnen) sind die Erinyen oder Furien des antiken Griechenlands. Sie waren so furchterregend, dass man sagte, ihre Kleider würden vor Blut triefen, sie hätten Schlangenhaar und Fledermausflügel. Man sprach unter ihrem Decknamen »die Eumeniden« (die Wohlmeinenden) von ihnen, um sie nicht versehentlich anzurufen, was uns ein bisschen an Voldemort erinnert.

** Die neuseeländische Feuergöttin Moana wird häufig mit Pele verglichen. Sie ist die Großmutter des polynesischen Trickster-Gottes Maui, der durch seinen Auftritt im Disney-Film *Moana* zu großer Berühmtheit gelangte. In dem Film wetteifert er zusammen mit der Titelheldin mit einer wütenden Vulkangöttin, die sich (Spoiler!) in eine üppige Erdgöttin verwandelt, ähnlich wie Pele.

als höchstes Ziel anzustreben, während Gefühlsausbrüche, die an der Fassade idealer weiblicher Sanftmut kratzen, als Hysterie* oder Überreaktion angesehen werden.

In Anbetracht der Tatsache, dass Frauen noch immer kleingehalten werden – indem sie für dieselbe Arbeit weniger Gehalt bekommen, bei ihrem Aussehen und bei elterlichen Pflichten höhere Standards angelegt werden, sie häufiger Opfer sexueller Anspielungen und Kontakte werden und oft gebeten werden, mehr zu lächeln, während man erwartet, dass sie absurd wenig Körperhaar haben und Klamotten tragen, die keine Taschen besitzen –, wer würde da nicht latent wütend sein? Der Trick ist, das Gleichgewicht auf dem schmalen Grat zwischen ungesundem Unterdrücken der Wut und Peles Erde-versengender Aggression zu finden. Wir suchen uns einen sicheren Ort, wo wir all die Dinge, die uns stören, fühlen dürfen. Es ist okay, das Gefühl schwelenden Zorns zuzulassen und das Feuer der Veränderung in uns zu spüren. Wir werden die gerechte Wut umlenken und eine neue, blühende Welt für Frauen und für uns alle erschaffen. Brennt lichterloh!

* »Hysterie« wurde als hauptsächlich weibliches Problem angesehen, daher der Name, der sich vom altgriechischen Wort für Gebärmutter ableitet. Spaßige Fragen wie »Hast du deine Tage?«, wenn eine Frau sauer reagiert, kommen aus einer ähnlichen Richtung und waren bei Männern besonders in den 1970er und 1980er Jahren beliebt. (Auch wenn die hormoninduzierten Reizbarkeiten – PMS – vor der Periode auftreten und längst vorbei sind, wenn wir auf der roten Welle surfen.)

EPONA

und Wandlungsfähigkeit lernen

Gallo-römisch, Mitteleuropa

Auch bekannt als
Heilige Regina, Große Stute,
Heilige Stute

Skills
Schutz von Pferden, Im Damensitz reiten und
dabei eine Obstschale tragen

Zuständigkeitsbereiche
Pferde, Fruchtbarkeit

Ach, Pferdemädchen. Ob *Black Beauty* oder *My Little Pony – Freundschaft ist Magie*, viele von uns haben sich sehr zu Pferden hingezogen gefühlt. Und wie viel intensiver muss die Verbindung der Menschen zu Pferden gewesen sein, als unsere Sicherheit und unsere Versorgung noch von ihnen abhingen? In Gallien war das auf jeden Fall so. Gallien war in der Eisenzeit ein Gebiet, das große Teile der heutigen Länder Frankreich, Belgien, Niederlande, Deutschland und Italien umfasste, bevor es schließlich um 50 vor Christus unter Julius Cäsar von den Römern eingenommen wurde (natürlich mit Ausnahme dieses kleinen gallischen Dorfs, in dem Asterix lebte).

Die Gallier besaßen eine berühmt-berüchtigte Kavallerie, außerdem waren Pferde für ihre Landwirtschaft unverzichtbar. Sie wendeten sich an die Göttin Epona, wenn es um den Schutz ihrer wertvollen Tiere ging. Pferde waren so hochgeschätzt, dass sie sogar auf Münzen abgebildet wurden, und einige adelige Gallier haben sich nachweislich mit ihren Rossen beerdigen lassen. Der berühmte gallische Häuptling Vercingetorix soll sogar seine Pferde zu ihrem Schutz fortgetrieben haben, damit sie während der Belagerung durch die Römer nicht den Feinden in die Hände fielen. Pferdebegräbnisse gab es nicht nur in Gallien, sondern auch in vielen anderen Kulturen. Die archäologischen Beweise dafür sind weit verstreut in Russland, Skandinavien und China gefunden worden. Das weist sowohl auf den praktischen Wert der Pferde hin als auch darauf, dass sie zuweilen auch als Psychopompen betrachtet wurden – ein tolles Wort, das Wesen beschreibt, die die Seelen der Toten ins Jenseits begleiten.

Der Epona-Kult war in der Keltenwelt der verbreitetste und Archäolog*innen haben hunderte von Statuen und Inschriften gefunden. Hauptsächlich deshalb, weil die Römer, als sie Gallien einnahmen, die Göttin mit Begeisterung adoptiert und die Epona-Verehrung in ihrem riesigen Reich weiterverbreitet haben. Die Römer haben ja gerne mal andere Religionen mit ihrer eigenen vermischt (oder synkretisiert), sodass ein erlesener Religions-Cocktail entstand. Dass diese gallische Göttin einfach so als Ganzes adoptiert wurde, war aber ein sehr ungewöhnlicher Fall. Sie bekam sogar einen eigenen Feiertag, den 18. Dezember.

Ihre Anfänge aber sind mysteriös, es gibt über Eponas Ursprünge keine nennenswerten mythologischen Berichte. Die einzige überlieferte Geschichte ist eher weniger erbaulich und stammt aus der Feder eines römischen Geschichtsschreibers aus dem dritten oder vierten Jahrhundert, der so nebenbei ein paar Zoten losgelassen hat. Es heißt da: »Fulvius Stellus hasste die Frauen und verkehrte mit einer Stute. Zu gegebener Zeit gebar die Stute ein schönes Mädchen und sie gaben ihr den Namen Epona. Sie ist die Göttin, die sich um den Schutz der Pferde kümmert.« Ganz große Romantik!

Epona wird meistens hoch zu Ross dargestellt, nicht selten transportiert sie dabei geschickt eine größere Menge Obst oder andere Lebensmittel, manchmal tollen ein bis zwei Fohlen neben ihr herum. Sie taucht in Schnitzarbeiten oder kleinen Skulpturen auf, die in Ställen aufgestellt und mit Rosen umkränzt wurden. Auch in römischen Inschriften, einschließlich der am Hadrianswall, wird sie erwähnt. Die bildlichen Darstellungen, auf denen sie als »Herrin der Tiere« zu sehen ist, ähneln denen der im Wald lebenden griechischen Jagdgöttin Artemis (bei den Römern als Diana bekannt). Angesichts der Abbildungen, auf denen Epona sanft im seitlichen Damensitz reitet, denkt man sofort an Weihnachtskarten, auf denen Jesus' Mutter Maria auf einem Esel sitzend nach Nazareth reist; nur dass Maria statt des Obstkorbs ein sehr besonderes Baby unter dem Herzen trägt.

Die wenigen Erwähnungen von Epona, die aus der römischen Literatur erhalten sind, wie etwa in einem Gedicht von Juvenal, beweisen, dass sie mehr eine Volksgöttin als eine noble Gottheit war. Juvenal erwähnt sie, als er von einem Adeligen berichtet, der sich volkstümlich zeigt und sie in seinem »stinkenden Stall« verehrt. Prudentius, ein weiterer Dichter, hebt ihren bescheidenen Status mit diesen Zeilen hervor: »Einen Thron hoch über den Sternen wird niemand der Göttin Cloacina (Göttin der Kanalisation*) einräumen, auch nicht der Epona.«

Eponas Beliebtheit ging nicht nur auf die Adoption durch die römische Kavallerie zurück, sondern auch auf deren Boten und Stallburschen. Viele dieser Männer waren gar keine gebürtigen Römer, sondern als Ortskräfte angeheuert worden. Sie waren durch ihre Arbeit, aber auch durch Vertrauen und Respekt an die Tiere gebunden, ihr Leben hing von den Pferden ab. Wir können also gut nachvollziehen, warum Epona bei ihnen so beliebt war und warum sie in einen großen Teil der von den Römern eroberten Gebiete exportiert wurde. Sie war keine martialische Göttin wie Athene, sondern eine Beschützerin.

Die Verehrung von Pferden war vor allem bei nomadischen, kämpferisch orientierten und landwirtschaftlich geprägten Gemeinschaften verbreitet, weswegen Verbindungen zwischen Epona und zwei anderen keltischen Pferde-Ladys hergestellt werden. Erstens zur irischen Macha, eine der drei bösen Avatare der Morrígan, die schneller laufen konnte als ein Pferd; und zweitens war da Rhiannon aus Wales.

Rhiannon ist eine übernatürliche Superheldin aus dem *Mabinogion*, der großen mittelalterlichen Sammlung walisischer Erzählungen. Sie erscheint dem Helden Pwyll in goldenen Kleidern, gemächlich auf einem weißen Pferd reitend, doch so sehr Pwyll auch versucht, auf seinem eigenen Ross mit ihr Schritt zu halten, er schafft es einfach nicht. Rhiannon hält schließlich an, als er sie höflich anspricht, statt ihr hinterherzujagen, was absolut verständlich ist – obwohl wir im wahren Leben niemandem empfehlen

* Bizarrerweise war die Cloacina bei den Römern nicht nur die Göttin der Kanalisation, sondern auch die des ehelichen Beischlafs und so mit Venus verwandt, der Göttin der Liebe. Kann man mal drüber nachdenken. Interessanterweise bewahrten die Römer manchmal auch Schreine, die der Glücksgöttin Fortuna (siehe Seiten 62–68) geweiht waren, in ihren Toiletten auf. Beide Göttinnen aber waren positiver als die babylonische Dämonin Šulak, auch bekannt als »Lauernde der Latrinen«, die Krankheiten auslöste.

möchten, anzuhalten und sich mit einem Mann zu unterhalten, der eben noch hartnäckig versucht hat, uns nachzustellen. Sie gesteht jedenfalls, dass sie ihn in ihr Herz geschlossen hat, obwohl sie einem anderen versprochen sei, und am Ende heiraten sie. Es ist aber noch längst nicht alles superromantisch für die beiden, Rhiannon hat da noch etwas in petto für Pwyll. Als es nämlich während eines Festes zu einer Verwechselung kommt und er sie versehentlich an ihren vorherigen Verlobten* zurückgibt, sagt sie zu ihm: »Sei still, solange du beliebst. Kein Mann hat je schlimmeren Gebrauch von seinem Geist gemacht als du.«

Nach diesem kleinen Intermezzo genoss das Paar aber sein Eheglück. Zumindest bis Pwylls Kumpel anfingen, diese nervigen Fragen zur Familienplanung zu stellen. Bloß dass das damals fast eine Drohung war, denn einen Erben zu produzieren, war ein wesentlicher Bestandteil männlicher Autorität, die kein Mann gerne abgab. Pwyll beugte sich irgendwann der Peer Pressure und versprach, sich von Rhiannon scheiden zu lassen, wenn sie nicht innerhalb eines Jahres schwanger würde. Zum Glück bekamen sie bald einen kleinen Jungen namens Pryderi, der in späteren Erzählungen des *Mabinogion* eine Rolle spielt.

Unglücklicherweise verschwand Pryderi nach der Geburt, während Rhiannon und ihre Mägde schliefen. Als die Mägde aufwachten, sagten sie nicht die Wahrheit, sondern vor lauter Angst, Ärger zu bekommen, töteten sie einen Welpen, beschmierten Rhiannon mit seinem Blut und behaupteten, Rhiannon habe ihr Kind gefressen. Als ob.

Rhiannon wurde jedoch bestraft. Sie musste fortan unten am Schlosstor stehen und sämtliche Besucher wie ein Pferd auf ihrem Rücken den Weg hinauftragen. Irgendwann kam ein Mann namens Teirnyon mit einem Kind an der Hand an, verzichtete darauf, huckepack getragen zu werden,

* Rhiannons vorheriger Freund wurde »eingeschüchtert« und gab seinen Anspruch auf sie auf. Sie hatte alles so arrangiert, dass er in einem Sack gefangen wurde und Männer mit Stöcken auf diesen einschlugen, weil sie dachten, darin sei ein Dachs.

und berichtete Folgendes: Er hatte irgendwann herausgefunden, dass seine Fohlen von einer bösen Macht gestohlen worden waren. Als er diese Macht angriff, fand er ein Baby, um das er sich mit seiner Frau seitdem gekümmert hatte. Er hatte den kleinen Kerl mitgebracht, nachdem er von Rhiannons Geschichte gehört hatte. So kam es, dass Pryderi wieder zu seinen Eltern gelangte. Auch in dieser Geschichte wird Rhiannons Verbindung zu den Themen Pferde und Fruchtbarkeit deutlich, genauso wie die interessante Parallele zwischen dem Zweck eines Pferdes und einer Frau zur damaligen Zeit: hübsch, wild und frei über die Hügel zu streifen, bis die Zeit der Dienstbarkeit kommt und es zur Zucht benötigt wird.

Bei Epona und Rhiannon beobachten wir wieder dieses seltsame Paradox, dass eine weibliche Gottheit sowohl mit Schutz und Schöpfung assoziiert wird, aber auch mit der typischen Göttinnen-Spezialität, dem Tod. Sie, die da gibt, wird auch wieder nehmen. Worauf wir mit diesen Pferdegöttinnen aber hinauswollen, ist ihre Wandelbarkeit, die nicht nur in Rhiannons unerschütterlicher Ergebenheit in ihr unsicheres Schicksal sichtbar wird, sondern vor allem in der Art und Weise, wie sich Epona von der Göttin eines besiegten Volkes zu einer beliebten Schutzfigur wandelte, die von den Siegern gefeiert wurde, was sie noch mächtiger machte und länger in Erinnerung bleiben ließ. Das Gleiche spielte sich bei der irischen Göttin Brigid ab, die zwar Kühe lieber mochte als Pferde und ansonsten auf Feuer spezialisiert war. Aber sie wurde in der katholischen Kirche neu erfunden und als Saint Brigid* eine Schutzheilige Irlands. Ihre heidnischen

* Noch wesentlich weiter entfernt von ihrem eigentlichen Ursprung wurde sie auch zu Maman Brigitte synkretisiert oder zu Gran Brijit, der ordinären Voodoo-Göttin des Todes. In der Fernsehbearbeitung von Neil Gaimans Roman *American Gods* kann man sie in Begleitung zahlreicher anderer Götter sehen, unter anderen Oshun (siehe Seiten 36–41), der slawischen Star-Göttin Zorya, einer Figur namens Mama-ji, die auf Kali (siehe Seiten 111–116) basiert, Easter, die an die germanische Frühjahrsgöttin Ostara angelehnt ist, und Bastet (siehe Seiten 56–61), die sowohl als Mensch wie auch als Katze erscheint. Gaiman hat auch ein paar neue Götter dazuerfunden, unter anderem Media, gespielt von Gillian Anderson.

Ursprünge erkennt man daran, dass ihr Feiertag (1. Februar) derselbe ist, an dem auch das keltische Fest Imbolc gefeiert wurde, der Beginn des Frühjahrs.

Was aber ist das Geheimnis von Eponas Erfolg? Sie hat sich nützlich gemacht. Zu der Zeit, als ihr Kult weitverbreitet war, war ihre Expertise für das Leben vieler einfacher Leute wichtig. Epona blieb bedeutungsvoll und interpretierbar, aber sie hatte sehr klare und starke Wertvorstellungen. Heute ist sie vielleicht nicht mehr sonderlich bekannt, aber ab und zu stolpert man doch über ihren Namen, zum Beispiel bei *The Legend of Zelda* von Nintendo, wo das Pferd eines Helden Epona heißt. Läuft doch gar nicht schlecht für eine Göttin, die, wie wir wissen, vor fast 2000 Jahren verehrt wurde. Die Welt um uns herum verändert sich immer schneller, das kann manchmal verwirrend sein, aber genau dann sollten wir uns daran erinnern, dass man sich jederzeit neu erfinden kann. Wir dürfen nur nicht vergessen, wer wir tief in unserem Innern sind.

GRÜNE TARA

und Angst überwinden

Buddhistisch, Tibet

Auch bekannt als
Verkörperung der Weisheit, Erleuchtungswesen, Große Beschützerin, Grüne Befreierin, Dölma (in Tibet), Khadiravani (Tara des Waldes), Syamatara, Sgrol-ma (in Tibet)

Skills
Hoffnung geben, Menschen retten, Erleuchtung

Zuständigkeitsbereiche
Optimismus, Meditation, Mitgefühl

Partys. Öffentlich sprechen. Fliegen. Dunkelheit. Knöpfe (ja, wirklich)*. Phobien können uns ins Straucheln bringen und Ängste können dazu führen, dass wir bestimmte große und möglicherweise lebensverändernde Entscheidungen nicht treffen. Zum Beispiel nicht den Job kündigen, um uns selbstständig zu machen; diesen toxisch-falschen Freund nicht in die Wüste schicken, der uns ständig niedermacht; oder auch nicht für einen guten Zweck Skydiven gehen.

Das Herz rast, die Kehle ist wie zugeschnürt, die Hände werden schwitzig: Kein Wunder, dass man sagt, Angst würde lähmen.

Tara – eine Göttin, die darauf spezialisiert ist, Menschen aktiv zu helfen, ihre Ängste zu überwinden – ist eine der wichtigsten und beliebtesten Gottheiten in Tibet, Nepal und der Mongolei, aber auch von Buddhisten in anderen Ländern wird sie verehrt. Der Buddhismus ist notorisch schwer einzuordnen: Für die einen ist er eine Philosophie, für die anderen eine Kultur. Es gibt über die ganze Welt verteilt etwa 520 Millionen Buddhisten, die verschiedensten Traditionen, Schulen und Bräuchen anhängen. Allen gemeinsam ist der Begründer Gautama Buddha, der im sechsten vorchristlichen Jahrhundert in Indien gelebt hat. Seine Lehren haben in den meisten buddhistischen Traditionen Anhänger*innen und basieren darauf, dass der menschliche Zyklus von Geburt, Leiden und Tod durchbrochen werden kann, indem wir das Nirvana erlangen oder ein Buddha, ein Erleuchteter, werden.

In vielen buddhistischen Schulen kommt die Grüne Tara vor, im Vajrayana-Buddhismus ist sie ein weiblicher Buddha und im Mahayana-Buddhismus taucht sie als Gefährtin des *bodhisattva* (künftigen Buddha) Avalokitesvara** auf. Über die Jahrhunderte sind unterschiedliche Zweige

* Die Angst vor Knöpfen heißt übrigens Koumpounophobie. Bitte schön.

** Der Dalai Lama wird in Tibet als Inkarnation des Avalokitesvara verehrt. In China wurde Avalokitesvara als männliches und intersexuelles Wesen verehrt und wird heute hauptsächlich als Göttin Guanyin (in Japan als Kannon bekannt) angebetet.

des Buddhismus entstanden, die sich auf komplexe Weise entlang der Lehren, Sprachen, Überzeugungen einzelner Mönche und der geografischen Gegebenheiten entwickelt haben. Die Grüne Tara soll aus einer einzigen Träne des Avalokitesvara geboren worden sein, die er vergoss, als er von seinem himmlischen Ansitz aus hinab auf all das menschliche Leid und Elend blickte. Aus der Träne erwuchs ein ganzer See, eine Lotosblume tauchte auf, und darin steckte die anmutige Tara und brachte Hoffnung, Optimismus und Tapferkeit. In einer anderen Version war sie ursprünglich eine sterbliche Prinzessin, die die Warnungen der Mönche in den Wind schlug, dass sie als männliche Figur wiedergeboren werden musste, um die gesamte Erleuchtung zu erfahren. Damit konnte man aber unserer Tara nicht kommen, sie war wild entschlossen, als Frau zur Erleuchtung zu gelangen – und gibt uns ein gutes Beispiel dafür, wie man den Vorurteilen und negativen Einstellung anderer begegnet. Der 14. Dalai Lama hat sogar ihren Namen als treibende Kraft für den Feminismus im Buddhismus genannt.

Tara existiert in vielen Gestalten. Auf tibetischen Gebetsfahnen sieht man oft nicht weniger als 21 Taras in verschiedenen Farben und mit unterschiedlichen Attributen. Häufig wird sie mit Juwelen geschmückt und mit aufwändiger Hochsteckfrisur auf einem Lotos sitzend dargestellt. Ein Bein hat sie vorgestreckt, jederzeit bereit, aufzuspringen und der Menschheit zu Hilfe zu eilen. Die Grüne Tara ist die beliebteste aller Taras. Sie schützt vor böser Energie, besonders vor den acht Gefahren, von denen jede durch ein Tier oder eine unmittelbare Bedrohung repräsentiert wird, die wiederum zusätzlich für ein negatives oder schädliches Gefühl stehen: Da sind der Löwe der Arroganz, der Elefant der Unkenntnis, das Feuer des Hasses, die Schlange des Neids, der Dieb der falschen Ansichten, die Fesseln der Habgier, die Überschwemmungen der Lust, der Gefängnisse und des Verlangens und schließlich der Dämon der Zweifel – insgesamt also eine hübsche Liste voller Furcht und Schrecken. Wenn wir also Angst haben, beim nächsten Meeting eine Einschätzung abgeben zu müssen, hilft es vielleicht, sich diese Angst als riesige Hyäne vorzustellen. So folgen wir Taras Weg und fühlen uns befreit.

Tara ist eine Meditationsgöttin, auf die wir uns in der Praxis konzentrieren können. Buddhisten glauben, dass es helfen kann, sich von unseren Sorgen und von negativen Gedanken zu lösen, wenn wir uns an Tara wenden. Sie kann unsere Ängste zwar nicht durch Zauberhand und buchstäblich verschwinden lassen, aber indem sie *Dharma* lehrt – das gemeinsame Gesetz, nach dem wir unser Leben richtig leben sollen – und uns die wahre Natur des Universums verstehen lässt, können wir Erholung vom Stress finden.

Hier sind also unsere Tara-Strategien, die wir anwenden, wenn uns die Furcht zu überkommen droht. Erstens üben wir Meditation oder Achtsamkeitstechniken, auch wenn es ein paar Minuten dauert, bis wir zur Ruhe kommen und uns auf etwas anderes konzentrieren können als das, wovor wir Angst haben. Wenn wir einfach nur beobachten, wie unser Atem in unsere Lungen hinein- und wieder hinausfließt, lindert das die Panik. »Fluten« ist eine andere Möglichkeit: Hierbei setzen wir uns einem Maximum dessen aus, wovor wir uns fürchten. Falls wir uns ernsthaft vor Knöpfen fürchten, gehen wir in ein Karnevalskostümgeschäft und setzen uns einen von diesen Hüten mit den vielen bunten Knöpfen auf. Es gibt auch weniger extreme Methoden, wie zum Beispiel die Desensibilisierung. Wenn wir Angst davor haben, in der Öffentlichkeit zu sprechen, setzen wir uns das Ziel, einmal etwas zu sagen, ob in einer Teamsitzung oder im Buchclub. Wir arbeiten uns dann weiter vor, indem wir kleine 30-sekündige Reden ohne Skript an unsere Katze richten und so weiter, bis wir irgendwann vor einem ganzen Saal voller Leute stehen und das gar nicht mehr schlimm ist. Ein guter Tipp ist, immer daran zu denken, dass man *alles* zehn Sekunden lang aushalten kann. Und von da aus steigern wir uns.

Noch eine gute Möglichkeit, um das Lampenfieber loszuwerden, ist, sich – wie die weise Tara – klarzumachen, dass Ängste mehr mit unseren Gedanken zu tun haben als mit der Wirklichkeit. Tara zeigt uns dies, indem sie Gefühle mit einem Tier oder einer tödlichen Bedrohung gleichsetzt. Flugangst ist ein häufig genanntes Beispiel. Als Erstes hören und erkennen wir, dass unsere Wahrnehmung gestört ist: Der Gedanke »Ich darf nicht einschlafen, denn wenn ich einschlafe, stürzt das Flugzeug ab« ist wissenschaftlich betrachtet natürlich falsch. Danach achten wir auf Schwarzmalerei, zum Beispiel die Überlegung: »Den Absturz überlebe ich vielleicht, aber wenn das Flugzeug dann ins Meer fällt, kommt garantiert ein riesiger weißer Hai und frisst mich auf.« Wenn wir uns das Mantra, dass dies ein Gedanke ist, den wir gar nicht denken müssen, immer wieder vorsagen, bekommen wir unsere Gedanken unter Kontrolle. Wir können sie fortschicken und haben es schon fast geschafft.

Was Taras Dasein auch zeigt, ist, dass Angst überall lauern kann. Jeder Mensch hat vor irgendetwas Angst, wir sind nicht allein. Und Angst haben bedeutet, dass wir unseren Horizont erweitern und unsere Komfortzone verlassen, was die einzige Möglichkeit ist, ein erfülltes Leben zu leben und sich weiterzuentwickeln. Das Wichtigste ist, sich die Angst nicht wegzuwünschen, sondern sich ihr zu stellen und ihr im Sinne der Grünen Tara zu begegnen.

LILITH

und zur eigenen Sexualität stehen

Mesopotamisch und jüdisch, Mittlerer Osten

Auch bekannt als

Lilu, Lilîth, Lilitu (akkadisch), Lamia

Skills

Kindsmord, Verführung,
Für sich selbst einstehen

Zuständigkeitsbereiche

Produktion von Dämonen,
Sexuelle Befriedigung

Wir sind uns einig, wenn es um weibliche Sexualität geht, oder? Die Lust von Frauen ist noch nie so hochgeschätzt und so viel diskutiert worden wie heute.

Na ja, geht so.

Das Orgasmusgefälle ist jedenfalls Realität: Beim Sex erleben heterosexuelle Frauen durchschnittlich in weniger als 60 Prozent aller Fälle einen Orgasmus. Bei Männern sind es locker 90. Dieses Ungleichgewicht resultiert vor allem daraus, dass die Sexualwissenschaft (wie alle Wissenschaften, und ebenso Literatur, Politik und Kunst) von Männern dominiert wurde. Im 16. Jahrhundert hielten Anatomen die Klitoris noch für eine abnorme Wucherung, und noch bis vor Kurzem galt die weibliche Ejakulation als schlüpfriger Mythos.

Weibliche Körper waren über lange Zeit unbekanntes Terrain, und bei der Psychologie des Sex sieht es kaum besser aus. Die meisten von uns werden zum ersten Mal in der Schule damit konfrontiert, und es dreht sich im Grunde alles nur darum, wie man verhindert, schwanger zu werden (und gipfelt dann in einem so drastischen und blutigen Film einer Geburt, dass wir nie wieder etwas damit zu tun haben wollen).

In der Erziehung ist sexuelle Aktivität, die nichts mit Fortpflanzung zu tun hat, vor allem für Frauen eng mit Scham und Schuld verbunden. Über Vaginen und Vulven wird kaum geredet und die Gesellschaft möchte uns weismachen, dass sie im Naturzustand unhygienisch und schmutzig sind – was die Beliebtheit von Brazilian Waxings und überflüssigen Intim-Waschgels erklärt.

In vielen völkerübergreifenden Mythen (einschließlich Erzählungen aus Asien, Afrika und vom amerikanischen Kontinent) werden Vaginen zu dunklen, furchterregenden, männermordenden Wesen personifiziert, die von männlichen Helden gezähmt werden müssen. Zum Beispiel die Vagina-Mädchen der Jicarilla Apachen, die in einem mit

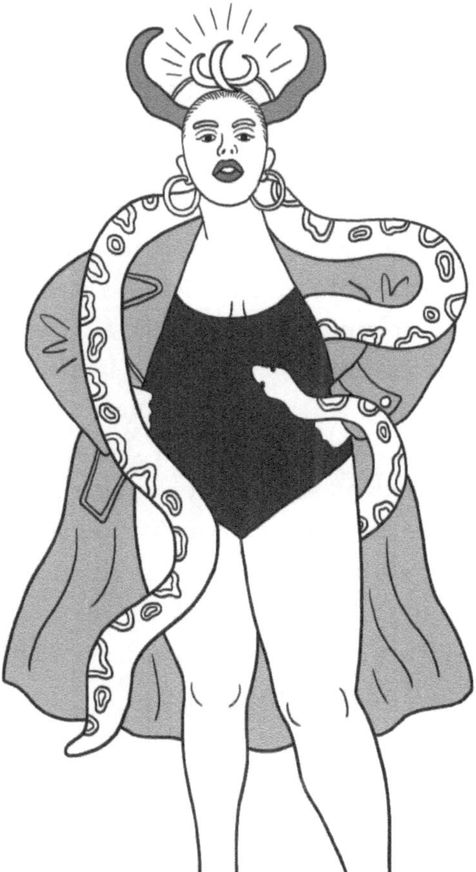

Vaginen geschmückten* Haus lebten und Männer fraßen – bis ein männlicher Held auftauchte, ihnen Medizin verabreichte und ihren Vaginen damit die Zähne zog.** Jedoch sollten wir Frauen uns unserer Genitalien nicht schämen, sondern ein und für alle Mal Sex und Sexualität als stärkende Kräfte betrachten.

Eine Wahnsinnsfigur aus antiken Sagen, die sich wortwörtlich geweigert hat, Dinge hinzunehmen und sich hinzugeben, ist Lilith, eine verführerische Dämonin, die in einigen Überlieferungen Adams erste Frau war. Ihre Geschichte lässt sich kaum einordnen: Jahrtausendelang war sie als furchterregender Geist unterwegs, der Babys im Schlaf strangulierte und schlummernde Männer verführte. Heute ist sie von einigen Wissenschaftler*innen als erste Feministin rehabilitiert. Sie wird schon in alten sumerischen Texten aus dem dritten vorchristlichen Jahrhundert erwähnt und im *Gilgamesch-Epos* versteckt sie sich erst in einem Baum der großen Göttin Inanna und wird dann herausgescheucht. Sie taucht im alten Ägypten und im antiken Griechenland auf, und auch in der Bibel, wo ein dunkler apokalyptischer Blick in die Zukunft verheißt, dass Lilith in elenden Endzeiten lauert. Im Talmud ist sie ein Succubus oder eine Buhlteufelin. Am bekanntesten aber wurde Lilith durch jüdische Volkserzählungen, und ihr atemberaubender Auftritt in dem mittelalterlichen *Buch Ben Sira* zementierte ihren Ruf bis in alle Ewigkeit.

* Vulva-Motive sind als Deko ziemlich gewagt, aber wir können uns vorstellen, dass es schon reicht, das Wohnzimmer beispielsweise in Sulking Room Pink, Eating Room Red, Incarnadine, Deep Reddish Brown, Sand oder Nancy's Blushes von Farrow & Ball zu streichen.

** Man bezeichnet solche Geschichten als Vagina dentata oder Mythos der bezahnten Vagina. Es klingt vielleicht schockierend, aber selbst in dem populären Familienfilm *Jurassic World* steckt eine Vagina-dentata-Geschichte: Viele weibliche Dinosaurier, die klüger waren als gedacht und große, gefährliche Zähne sowie eine chaotische, reptilienhafte Lebenseinstellung hatten, brauchten gar keine Männchen, um sich fortzupflanzen und ihre Welt zu beherrschen. Kein Wunder, dass sie erstmal von Chris Pratt abgerichtet werden mussten.

Das *Buch Ben Sira* ist ein hebräischer, satirischer Text, der um das Jahr 700 geschrieben wurde. Eine Theorie besagt, dass Lilith eingebaut wurde, um eine Brücke zwischen den Erschaffungsmythen Genesis 1 (wo Gott Mann und Frau gleichzeitig erschafft) und Genesis 2 (wo die Frau zu Adams Hilfe im Garten Eden erschaffen wurde) zu bauen. Im *Buch Ben Sira* hatte Adam eine erste Frau, nämlich Lilith, die wie er aus Erde erschaffen worden war. Die beiden stritten jedoch bald – vor allem über Sex. Ein Dialog endet damit, dass sie die Missionarsstellung ablehnt: Sie sagt: »Ich werde nicht unten liegen« und Adam antwortet: »Ich werde nicht unten liegen, sondern oben, denn du bist dafür geschaffen, unten zu liegen und ich dafür oben.« Lilith gibt nicht nach und sagt: »Wir sind beide gleich, denn wir sind beide aus der Erde erschaffen.« Es ist der ultimative Geschlechterkampf und ein grässlicher Streit über Sex. Irgendwann ist Lilith so frustriert, dass sie den unsagbaren Namen Gottes ausspricht und ihr Flügel wachsen, mit denen sie wütend übers Rote Meer hinwegfliegt. Sie wird aber sofort wieder als Dämonin gecastet, die täglich hunderten von Dämonenbabys das Leben schenkt. Ihr Regelverstoß (darauf zu bestehen, dass sie beide sexuell gleichwertig seien) hat also schwere Konsequenzen. Adam dagegen zieht weiter, mit Eva läuft es bekanntermaßen ebenfalls mega.* Man fragt sich irgendwann, ob das Problem wirklich bei den Frauen liegt.

Lilith jedenfalls hat sich jahrhundertelang als Archetypus der Femme fatale, der begehrenswerten, aber gefährlichen und dämonisierten Frau, gehalten. Michelangelo malte sie als eingerollte Schlange im Garten Eden; Goethe schilderte sie im *Faust* als gefährliche Verführerin, die Männer mit ihrem Haar betörte; Rossetti richtete sein Augenmerk auf ihre Haare, sein berühmtes Gemälde *Lady Lilith* zeigt sie voller Selbstbewunderung; und in

* Jedes Mal, wenn wir ein iPhone benutzen, erinnern wir uns an Evas berühmt-berüchtigten Snack (sowie die Erkenntnis, die sie daraus gewann) und googeln »Enthalten Apfelkerne wirklich Zyanid?«. (Die Antwort ist Ja.)

James Joyces *Ulysses* taucht sie als »Schutzpatronin der Abtreibungen« auf. Die weiße Hexe in den *Chroniken von Narnia* von C.S. Lewis soll auch ein Abkömmling von Lady L. sein. Lilith ist übrigens auch in der Popkultur stark vertreten. In den Sitcoms *Cheers* und *Frasier* aus den 1980er und 1990er Jahren kommt sie vor und Fraziers frostige Exfrau trägt ihren Namen. In der Horrorserie *Chilling Adventures of Sabrina* taucht sie als Madame Satan auf, ebenso in der Horrorserie *Chambers*, wo sie unglücklicherweise in der Seele der Hauptfigur sitzt. 1997 wurde ein Musikfestival mit ihrem Namen ins Leben gerufen, auch in *Scooby-Doo* und *Das fünfte Element* kommt sie vor. Sogar Genesis haben auf ihrem sechsten Album ein Lied nach ihr benannt. Beeindruckendes Gesamtwerk.

In der Literatur haben unterschiedliche Autor*innen unterschiedliche Liliths vor Augen. In Judith Plaskows feministischer Nacherzählung des Mythos *The Coming of Lilith* wird sie von Gott gemeinsam mit Adam erschaffen. Kurze Zeit später steht sie auf und geht, Adam beschwert sich bei Gott, der ihm daraufhin mit Eva eine neue Frau erschafft. Eine Zeitlang geht alles gut, bis sich Eva und Lilith irgendwann zusammenschließen. Die Parabel endet damit, dass sich Eva und Lilith als Schwestern im Geiste (und mit jeder Menge Ideen und Möglichkeiten) nach Eden aufmachen, zum ebenso besorgten wie hoffnungsvollen Adam und dem großen, lieben G.

Gerade im Kampf gegen patriarchalische Stereotypen ist Lilith eine starke Waffe. Sie ist hartnäckig, mächtig und geht beim Sex keine Kompromisse ein. Damit bildet sie einen starken Kontrast zu Botschaften, die wir als Kinder in Märchen gefunden haben, etwa, dass ein Happyend mit einem keuschen Kuss besiegelt wird. Lilith ist komplex und missverstanden, allein das qualifiziert sie schon zu einem staken feministischen Symbol. Und vielleicht erklärt es auch, warum sich Autor*innen, Filmemacher*innen und Songschreiber*innen seit Langem von ihr inspirieren lassen. Es gibt viele Möglichkeiten, den Mantel der Scham abzustreifen, der über unserer Lust liegt. Ein guter Startpunkt wäre, neugierig zu sein.

Nehmen wir einfach mal einen Spiegel in die Hand und schauen wir uns die versteckten Gegenden unseres Körpers an. Reden wir über Sex. Es ist durch Studien belegt, dass Frauen, die mit anderen Frauen sprechen, weniger Angst bei alledem empfinden, was sich im Schlafzimmer abspielt. Denken wir immer daran, was Lilith uns gezeigt hat: Niemand darf uns zu etwas drängen, was wir nicht wollen. Ein gesundes, erfüllendes Sexleben ist etwas Wunderbares, es ist gut fürs Herz, senkt den Blutdruck und nimmt Ängste. Wie immer wir das hinbekommen, es sollte - ganz im Geiste Liliths - zu unseren Bedingungen sein. Und auf diese Weise landen wir immer oben.

BLODEUWEDD

und Unabhängigkeit finden

Walisisch, Wales

Auch bekannt als
Blumengesicht

Skills
Überredungskunst, Ehebruch, Rebellion

Zuständigkeitsbereiche
Frühling, Eulen, Leben und Tod

Der Großteil der Literatur, die von den Heldentaten der in diesem Buch versammelten Göttinnen berichtet, wurde von Männern verfasst. Mit großer Wahrscheinlichkeit trifft das daher auch auf das erste Aufblühen walisischer Literatur zu, das *Mabinogion*, das nach wissenschaftlicher Auffassung im 11. und 12. Jahrhundert von Mönchen geschrieben wurde. (Eine sehr reizvolle Vermutung, die in wissenschaftlichen Kreisen aber leider nicht viel Anklang gefunden hat, ist die, dass das *Mabinogion* tatsächlich aus der Feder der Kriegerprinzessin Gwenllian stammt, die 1136 in Carmarthenshire im Krieg gegen die Normannen starb.)

Mabinogion ist eine Sammlung von unterschiedlichsten, mündlich überlieferten Erzählungen aus dem vorchristlichen Wales und beinhaltet auch ein paar Hinweise auf König Artus, den Superstar der Sagenwelt. Die erste vollständige Übersetzung ins Englische wurde im 19. Jahrhundert parallel zu einer walisischen Verschriftung veröffentlicht, und zwar von einer Linguistin, Draufgängerin und Triebfeder der walisischen Literatur: Lady Charlotte Guest.

Und dennoch ist die Sage von Blodeuwedd die von einem Mann geschriebene Geschichte einer Frau, die von einem Mann erschaffen wurde. Was aber macht die perfekte Frau aus? Früher fanden die Männer ein hübsches Gesicht und eine angenehme Passivität total heiß – und vollkommen ausreichend. Blodeuwedd war aus Blumen erschaffen worden, genauer gesagt aus den Blüten von Eiche, Ginster und Mädesüß, woraus »das schönste und anmutigste Mädchen, das jemals ein Mensch erblickte« erwuchs. (Anmutig sein war in den alten Zeiten eine besondere Auszeichnung für Frauen, ungefähr so wie heute Spitzennoten im Ingenieursstudium. Dass eine Eigenschaft, die im Grunde nur bedeutete, dass eine Person ihre Gliedmaßen geschmeidig und ohne Hektik bewegen konnte, derart hochgeschätzt war, macht ja schon unmissverständlich klar, dass die Rolle der Frau in der Gesellschaft darin bestand, still und dekorativ zu sein.) Blodeuwedds Dr. Frankenstein war Gwydion, ein Zauberer, der für seinen Neffen Lleu eine Frau erschaffen musste, die nicht menschlich sein durfte, denn seine eigene Mutter hatte den armen Kerl mit einem Fluch belegt.

Blodeuwedd sprang also gänzlich ausgewachsen und frisch wie die Wiese in die Welt – und nahm augenblicklich die Rolle einer Ehefrau an. Mehr wurde von ihr auch gar nicht erwartet, etwa wie heute von einem Sexbot. Es war klar, dass sie Gwydion und Lleu gehörte, ihrem Programmierer und ihrem Eigentümer. Wir fürchten uns heute davor, was passiert, wenn sich die KI-Roboter, die uns das Leben erleichtern sollen, gegen uns wenden (was mag alles Schreckliches passieren, wenn sich

Siri und Alexa selbstständig machen!), und Blodeuwedds Geschichte entspricht diesen Sorgen. Ihre Geschichte liest sich nämlich auch als Ausdruck der Angst einerseits davor, wie gefährlich und wenig vertrauenswürdig Frauen sein können, wenn sie nicht unter Kontrolle sind – ein Thema, das unter anderem bei Lilith und in vielen weiteren Mythen aus aller Welt vorkommt. Und andererseits der Angst vor den zerstörerischen Naturgewalten, obwohl, ehrlich gesagt, Eichenblüten und Mädesüß bislang nur selten an Naturkatastrophen beteiligt waren. Blodeuwedd steht also beispielhaft für die Angst vor einer Person, die sich jeder Kategorisierung verweigert und auf der Grenze zwischen verschiedenen Welten existiert.

Selbstverständlich hielt Blodeuwedds Status als perfekte Ehefrau nicht ewig. Eines Tages, als ihr Mann beruflich unterwegs war, begegnete unsere botanische Schönheit einem attraktiven Typ namens Gronw Pebr und die beiden verliebten sich augenblicklich und heftigst ineinander. Die einzige Möglichkeit, zusammenleben zu können, bestand darin, Lleu loszuwerden, was bei Blodeuwedd offenbar keinerlei Skrupel hervorrief – andererseits, wer bitte erwartet von einem Blumenstrauß tiefe moralische Zweifel?

Unglücklicherweise entpuppte sich das Loswerden von Lleu als nicht so trivial wie gedacht. Er war durch einen sehr speziellen Zauber geschützt, der besagte, dass er ausschließlich durch einen Speer getötet werden konnte, der ein Jahr lang an Sonntagen geschmiedet werden musste. Und er konnte nur dann durch den Speer sterben, wenn er unter einem Reetdach mit einem Fuß in einem Bottich, mit dem anderen auf dem Rücken eines Rehs stand. Lleu achtete sehr darauf, dass er nicht mal freitagabends auf dem Heimweg nach ein paar Bier zu viel in diese Pose geriet. Daheim gab Blodeuwedd wie alle anderen Ehebrecher*innen vor, sich Sorgen um ihn zu machen, und rang ihm so die nötigen Auskünfte ab. Und als er alles detailliert geschildert hatte, rief sie: »Dem Himmel sei Dank, das lässt sich ja prima vermeiden!« Irgendwie hatte sie ihn dann aber dazu gebracht, diese interessante Haltung einzunehmen – und Gronw erstach Lleu mitten in seinem Bottich-Reh-Balanceakt, woraufhin Blodeuwedds Ex sich in einen Adler verwandelte und davonflog.

Gronw und Blodeuwedd übernahmen Lleus Ländereien und zogen zusammen, aber damit waren sie noch nicht aus dem Schneider. Blodeuwedds Schöpfer Gwydion hatte nämlich die Mission, Lleu zu finden und ihn in einen Menschen zurückzuverwandeln. Danach wollte er ihn bei der Rache unterstützen und den von Blodeuwedd angezettelten Aufstand im Keim ersticken. Als dann also Lleu und Gwydion gemeinsam am Schloss auftauchten, machte sich Blodeuwedd mit ihren Kammerzofen aus dem Staub, wobei alle Zofen bei dem hastigen Fluchtversuch im See ertranken. (Dieser See heißt Llyn Morwynion, also Jungfernsee, und liegt in Nordwales in der Nähe von Blaenau Ffestiniog.) Gwynion holte Blodeuwedd schließlich ein und verkündete unheilvoll: »Ich werde dich nicht umbringen, doch ich werde dir Schlimmeres zufügen.« Er beschloss, dass schlimmer als der Tod, den er ihr wünschte, wäre, wenn er sie in ein Tier verwandeln und öffentlichem Gespött aussetzen würde. Also verwandelte er Blodeuwedd in eine Eule, die ihr Gesicht nicht am Tage zeigen konnte und allen anderen Vögeln verhasst war. Der Sage nach wurde ihr Name so zum walisischen Wort für Eule.

Früher wurde Blodeuwedds Geschichte als Warnung für potenzielle Ehebrecher*innen und alle diejenigen verstanden, die außerhalb ihrer Kompetenzen handeln wollten. Moderne Leser*innen jedoch reagieren positiv auf unsere blumige Rebellin, die sich von männlicher Kontrolle befreit. Sie gehört zu den aktivsten weiblichen Charakteren des *Mabinogion* und ist aufgrund ihrer Blütenenergie einer der bekanntesten geworden. In der Sagensammlung folgt ihre Geschichte auf solche über Frauenscham und Erniedrigung, weshalb es schwerfällt, Blodeuwedd ihre Selbstverwirklichung übel zu nehmen. Auch erklären diese Geschichten unter anderem, warum Lleu von seiner eigenen Mutter verflucht wurde.

Die erste Erzählung über männliche Ausbeutung fängt mit einer jungen Frau namens Goewin an, die man nicht um ihren Job beneiden kann, denn sie kümmert sich um die Füße von König Math von Gwynedd. Math unterliegt dem Fluch, zu sterben, wenn er nicht irgendwo kämpft oder aber seine kampfesmüden Füße in den Schoß einer Jungfrau bettet. Eines Tages, als er geschäftlich auf dem Schlachtfeld unterwegs ist, verschwören sich seine Neffen, unser trickreicher Freund Gwydion und das schwarze Schaf der Familie, sein Bruder Gilfaethwy, damit Letzterer Goewin vergewaltigen kann. Goewin erleidet also nicht nur ein schweres Trauma, sondern sie verliert zusätzlich auch ihren Job. Math bestraft Gwydion und Gilfaethwy sehr kreativ, indem er sie verflucht, es drei Jahre lang in Tiergestalt (Hirsch, Schwein, Wolf) miteinander zu treiben. Nach Ablauf der Zeit geht dann alles wieder seinen normalen Gang und die beiden nehmen ihre Rollen bei Hofe wieder auf. (Wer hätte gedacht, dass Männer, die öffentlich dafür verurteilt wurden, dass sie Frauen sexuell ausgenutzt haben, davon ausgehen können, ihre Karriere genauso fortsetzen zu können wie zuvor ...) Weil inzwischen ja der Job vakant ist, bestärkt Gwydion seine Schwester Arianrhod, sich als des Königs Fuß-Halterin zu bewerben.

Genau in dem Moment als ihr Bruder Arianrhods Jungfräulichkeit öffentlich und mit Zauberkraft testet, gebiert sie unglücklicherweise vor den Augen ihres künftigen Chefs Zwillinge. Es sind zwei Jungs, einer davon ist Lleu. Arianrhod ist von dieser Erfahrung extrem beschämt, und als sie später herausfindet, dass Gwydion auch noch Lleu adoptiert hat, belegt sie ihren Sohn mit dem Fluch, dass er niemals in seinem Leben einen Namen haben, eine Waffe tragen oder eine Ehefrau finden wird. Diese drei Dinge aber brauchte ein echter Mann zur damaligen Zeit unbedingt, um in der walisischen Gesellschaft angesehen zu sein. Gwydion hatte Wege gefunden, um Lleu all dies zu beschaffen, Letzteres war eben Blodeuwedd, die an dem Fluch vorbeikommt, weil sie im Grunde ja mehr Blätterwerk als Frau ist. Angesichts des Verhaltens dieser Männer möchten wir daher Blodeuwedd nicht zu harsch kritisieren, bloß weil sie sich mit einem attraktiven Fremden in die Büsche geschlagen hat.

Es war nicht vorgesehen, dass Blodeuwedd unabhängig wird und sie hat ihre Eigentümer damit überrascht, dass sie nach ihren eigenen Bedürfnissen handelte – Bedürfnisse, die man ihr nicht einprogrammiert hatte und von denen man auch gar nicht wollte, dass sie in der Lage sein würde, diese zu erkennen. Ganz nüchtern betrachtet ist Blodeuwedd ein grüner Fleck in dem Revierkampf zwischen Lleu und Gronw. Weil sie mehrere Daseinszustände durchläuft und erst Pflanze, dann Mensch und schließlich ein Tier wird, ist sie prädestiniert, eine Naturgöttin zu werden, und ihre magische Geburt sowie ihr Tod symbolisieren den Lebenszyklus. Durch ihre Verbindung mit Blumen wurde sie auch als Maikönigin oder Frühlingsgöttin gesehen.

Bei Blodeuwedds floralem, passivem Dasein vor ihrer Emanzipation denken wir automatisch an das heutige Filmmotiv des »Manic Pixie Dream Girl«*. Ihre Schönheit und Verfügbarkeit sind zentrale Elemente, aber sie besitzt weder Vergangenheit noch Tiefe. Und, was noch wichtiger ist: Sie ist nur Teil jenes Plots, der die Handlung ihres Ehemanns Lleu vorantreibt. Als Erstes, indem sie ihn aufheitert, nachdem der Fluch gebrochen war und er nun doch eine Freundin hat. Später dann, um für den Tiefpunkt der Erzählungen zu sorgen, bevor es erst zum großen Triumph über Gronw und dann zur Thronbesteigung in Gwynedd kommt.

* Der englische Begriff »manic pixie dream girl« (auf Deutsch etwa manisches Fee-Traummädchen) wurde 2005 von dem US-amerikanischen Filmkritiker Nathan Rabin geprägt. Er schrieb, dass dieser Charaktertypus »ausschließlich in der emotionalen Gedankenwelt sensibler Drehbuchautoren und Regisseure existierte, und nur dazu dient, grüblerisch schmachtende junge Männer dazu zu bringen, am Leben teilzunehmen und dessen unendliche Mysterien und Abenteuer zu erleben«. Nachdem der Begriff aber auch außerhalb seiner ursprünglichen Intention benutzt worden war (um auf sexistische Darstellungen eindimensionaler Frauenfiguren durch männliche Autoren hinzuweisen), distanzierte Rabin sich 2014 davon.

Die Blodeuwedd, die wir hier beschrieben haben, ist eine kräuterige Heldin, die für ihr eigenes Aufblühen gesorgt hat und vom Besitztum zu einer Person, von einer Empfängerin der Lust zur Beteiligten, von der Nebenfigur zu einer der unwiderstehlichsten Sagenfiguren wurde und zu zahllosen weiteren Kunstwerken angeregt hat. Wenn wir also das nächste Mal das Gefühl haben, in der Randspalte unserer eigenen Geschichte zu stehen, statt die Hauptrolle einzunehmen, werden wir darauf achten, die richtigen Schritte einzuleiten, um unsere Ambitionen zu verwirklichen – und dann wird es rote Rosen regnen.

IX CHEL

und die Bedeutung alter Damen

Maya, Mexiko und Zentralamerika

Auch bekannt als

Ixchel, Göttin O, Chac Chel, Herrin des Regenbogens, Roter Regenbogen, Großes Ende

Skills

Heilen, Geburtshilfe, Fluten erzeugen, Eigenwillige Mode

Zuständigkeitsbereiche

Geburten, Weben, Hellsehen, Medizin, Spinnen

Das Alte muss Platz für das Neue machen. Das jedenfalls haben die europäischen Besiedler geglaubt, die seit dem 15. Jahrhundert auf dem amerikanischen Kontinent anlandeten. Sie waren darauf versessen, die hochentwickelten Zivilisationen, die sie dort vorfanden, zu zivilisieren, und ein wichtiger Pfeiler dieser Mission bestand darin, die alten Götter und Mythen dieses Kontinents durch das Christentum zu ersetzen. Eine dieser Hochkulturen, die sie sich vorgenommen hatten, war die der Maya.

Heute gibt es noch rund sieben Millionen Maya, ihre Vorfahren hatten sich zwischen 250 und 900 unserer Zeit in ganz Mittelamerika ausgebreitet, vor allem in Gebieten, die heute zu Mexiko, Belize, El Salvador, Guatemala und Honduras gehören. In der Blütezeit vor dem Eintreffen von Kolumbus lebten die Maya in großen Stadtstaaten mit jeweils bis zu 50 000 Einwohnern, in denen es kunstvolle Steingebäude gab, unter anderem die berühmten Pyramidentempel in Chichen Itza und Palenque in Mexiko, die wir heute noch besichtigen können. Die Maya waren ein kultiviertes, gebildetes und religiöses Volk, dessen mathematisches* und astrologisches Wissen seiner Zeit weit voraus war. Um das Jahr 900 verloren die Maya-Städte an Bedeutung und die Menschen zogen zurück in landwirtschaftlich geprägte Dörfer (Wissenschaftler*innen glauben, dass es Vorsichtsmaßnahmen waren, weil sich damals das Klima veränderte, die Wälder schwanden und die natürlichen Ressourcen durch die Stadtbewohner überstrapaziert wurden). In diesen Dörfern also lebten die Maya, als im 16. Jahrhundert die spanischen Entdecker an ihren Küsten anlandeten und nicht nur Krankheiten mitbrachten, sondern auch einen Konflikt auslösten, der bis 1697 andauerte. Zu diesem Zeitpunkt

* Sie hatten zum Beispiel eine Vorstellung von der Zahl Null, lange bevor in Europa überhaupt jemand auf diese Idee kam.

nämlich hatten die Eindringlinge die indigene Bevölkerung vollständig unterdrückt.

Erst im 20. Jahrhundert wurden die auf Rindenblättern verfassten Handschriften der Maya, heute als Maya-Kodizes bekannt, richtig übersetzt. Diese ergaben, zusammen mit Schnitzarbeiten an Gebäuden und Berichten spanischer Gelehrter, unser heutiges Wissen über ihre Gottheiten. Nur vier lesbare Kodizes sind noch erhalten, denn die katholischen Besiedler hatten alles, was sie finden konnten, zur Götzenanbetung erklärt und verbrannt. Ein besonders eifriger Übeltäter war Bischof Diego de Landa, der 1549 in Yucatán anlandete und stolz darauf war, Riesenmengen

von Büchern der Maya verbrannt zu haben: »Wir fanden eine große Menge Bücher mit diesen Schriftzeichen, und da sie nichts enthielten, was nicht als Aberglaube und Teufelslüge bezeichnet werden muss, verbrannten wir alles. Die Maya bedauerten dies in so erstaunlichem Maße, dass es ihnen großes Leid bereitete.« Diego tat sein Möglichstes, und doch blieb die Verehrung der alten Gottheiten erhalten und vermischte sich mit dem katholischen Glauben, der sich auch in den Maya-Gebieten verbreitete.

In der Zeit vor Kolumbus verehrten die Maya mehr als 165 Götter und Göttinnen, von denen viele eng mit der Natur verbunden waren und deren Kompetenzen sich in bestimmten Bereichen auch mal überlappten. Wie andere historische mittelamerikanische Religionen, liebten auch die Maya ihre Opferrituale und zogen in Kriege, um Opfer aufzugreifen und diese als Geschenk für ihre Gottheiten ausbluten zu lassen. Es gab damals einen sehr komplizierten Ritenkalender, der zu beachten war, und sie glaubten daran, dass es Zyklen von Weltenzerstörung und Wiedergeburt gab. Eine Göttin, die im Zusammenhang mit diesen Vorstellungen von Zerstörung und Wiedergeburt stand, war Ix Chel.

Ix Chel ist eine Göttin, die schwer zu fassen ist, denn die Wissenschaft hat lange über die von ihr erhaltenen Darstellungen diskutiert, beispielsweise darüber, ob sie wirklich alle dieselbe Göttin zeigen oder ob sie vielleicht eine Mondgöttin war. In jedem Fall ist sie die alte Jaguargöttin der Geburtshilfe, was schon ein ziemlich cooler Künstlername ist. In Holzschnitzereien sieht man sie als alte Frau mit Klauen, manchmal mit rotem Körper und den Augen eines Jaguars, einer Frisur aus Schlangen, einem Rock mit Knochenmuster und meist mit einem Wasserbehälter in der Hand. Sie würde uns auf der Straße sofort auffallen.

In mittelamerikanischen Mythen gibt es viele Jaguargottheiten, denn der Jaguar war ein hochangesehenes Tier, und nur die ganz hohen Tiere unter den Menschen durften Jaguarfelle tragen. Man glaubte, sie seien Wesen, die sich zwischen der Welt und der Unterwelt hin- und herbewegen konnten, denn sie jagten sowohl bei Tag wie auch bei Nacht. Ix Chel war eine Göttin obersten Ranges und ihre Kultzentren auf den Inseln Cozumel und Isla Mujeres waren den spanischen Eindringlingen bekannt. Der üble Diego berichtete, dass sie die Göttin der Geburten sei, und schrieb, dass Frauen Ix-Chel-Darstellungen unter ihr Bett platzierten, wenn die Wehen begannen. Ihr furchterregendes Äußeres verdeutlicht auch die Gewalt von Geburten* und die Tatsache, dass sie oft mit einem Wasserbehälter dargestellt wird, deuten viele als Zeichen für den Blasensprung unter der Geburt. Andere sehen darin ein Symbol ihrer Macht, die Erde mit Überschwemmungen zu zerstören, wenn sie verärgert war. Das »Chel« in ihrem Namen wird sowohl mit »Regenbogen« wie auch als »Ende« übersetzt, was sie wieder mit der Unterwelt und der Zerstörung verbindet. Regenbogen waren bei den Maya keine lieblich-hübschen Fingerzeige zu einem Schatz, sondern das Erzeugnis von Dämonen und bedeuteten im übertragenen Sinne: »Dämonenfurz«.

Wie in vielen anderen Gesellschaften auch, spielten Geburtshelferinnen bei den Maya eine wichtige Rolle und waren meist ältere, erfahrene Frauen. Ihnen wurde mehr Respekt entgegengebracht und sie erhielten mehr religiöse Privilegien als ihre jüngeren Geschlechtsgenossinnen. Weisheit und Erfahrung sind auch für andere Bereiche von Ix Chels Zuständigkeit wichtig: Weben (sie wird oft mit einer Spinne als wichtigstem Webe-Tier abgebildet), Medizin und Weissagung. Ix Chels furchterregendes Äußeres als alte Hexe würde uns zögern lassen, uns im Bus neben sie zu setzen. Andererseits zeigt es, wie ältere Frauen von Männern ausgegrenzt werden und – da sie als jenseits ihrer Nützlichkeit betrachtet werden – so wieder unangenehme Unabhängigkeit erlangen. Ohne eigene Mutterpflichten zu haben, kann Ix Chel ihre gewaltige Energie entweder als Hilfe (für

* Die Nachbarn der Maya im Norden, die Azteken, praktizierten dieselben besonderen Bestattungsrituale für Männer, die in Kriegen gestorben waren, und Frauen, die Geburten nicht überlebten, denn beide Tode wurden als gleichermaßen heldenhaft erachtet. Man glaubte, die Geister dieser Toten begleiteten die Sonne täglich auf ihrem Weg nach Westen, während alle anderen in die Unterwelt hinabstiegen.

gebärende Frauen) oder als Waffe (mit Überschwemmungen und Stürmen) einsetzen.

Ix Chel wird in der mythologischen Wissenschaft oft als »alte« Göttin beschrieben. Das Wort »alte« hat genauso wie sein stetiger Begleiter »Hexe« definitiv negative Konnotationen. (Siehe auch andere reizende Beschreibungen für ältere Frauen: Drachen, Schachtel, Dragoner, Nervensäge, Weib.) Sehr schmeichelhaft.

Sowohl in Mythen als auch in Sagen sind Hexen entweder hilfsbereit und großmütterlich oder aber verschlagen und nervig (wie Baba Jaga, siehe Seiten 77–82). In einigen keltischen Sagen ist es so, dass Männer, die sich Hexen gegenüber trotz deren abschreckendem Äußeren freundlich und respektvoll benehmen, dadurch belohnt werden, dass sich die Hexe in eine wunderschöne junge Frau verwandelt.

Puma und Jaguar stehen häufig für die Nähe zum Tod, was für Ix Chels Rolle als Geburtshelferin sinnvoll ist, denn unter der Geburt ist der Kampf um das Leben entscheidend.

Als ältere Göttin der Medizin und der Hellseherei erinnert Ix Chel an negative Stereotypen, die für Frauen in früheren Zeiten recht gefährlich waren. Die medizinische Expertise erfahrener Frauen wurde häufig geschätzt. Die Kehrseite aber war, dass Frauen, die in irgendeiner Weise soziale Normen verletzt hatten (und sei es nur, dass sie keine Familie hatten), als Hexen verfolgt wurden, wie es in vielen Kulturen Europas, Afrikas und Indiens vorkam. Vielfach wird die Verfolgung so zahlreicher Frauen als Hexen als Anzeichen dafür gesehen, dass in einer patriarchalischen Gesellschaft Angst vor unabhängigen Frauen herrschte, vor allem, wenn solche Frauen in Gruppen auftraten. (Vergesst den Bechdel-Test. Wenn Frauen zusammen sind, können sie gar nicht anders, als hinter deren Rücken über Männer zu reden und irgendeinen schrecklichen Affront gegen sie auszuhecken, zum Beispiel Gesetze, die verbieten, dass man unter den Rock fotografiert!) Abgesehen von dem Vorwurf, dass sie ihre Macht in zerstörerischer Absicht ausgeübt hätten, wurden als Hexen verfolgten Frauen häufig sexuelle Grenzüberschreitungen unterstellt – siehe männliche Angst vor weiblicher Sexualität. (»Und was, wenn sie jetzt gerade bei einem Pinot Grigio irgendetwas aushecken? Was, wenn sie in irgendwelchen hübschen kleinen Hotels mit ihren Gigolos abgestiegen sind?«) Später, als die Begeisterung der Massen für Scheiterhaufen und Foltergeräte nachließ, wurden Frauen, die nicht der Norm entsprachen und mit denen die Gesellschaft nicht klarkam, oft in psychiatrische Anstalten eingewiesen.*

In letzter Zeit werden Frauen zwar nicht mehr einfach eingesperrt oder auf dem Scheiterhaufen verbrannt. Es ist stattdessen viel wahrscheinlicher, dass sie entweder ignoriert oder in stereotyper Weise dargestellt werden, einzig und allein um zu zeigen, wie unnötig, wenig attraktiv oder unglamourös sie sind. Da es allgemein so gesehen wird, dass Frauen über 50 nicht mehr ausreichend dekorativ sind, sollten sie am besten verschwinden – und wenn sie doch zu viel Aufmerksamkeit auf sich lenken, werden sie schnell als peinlich betrachtet oder mit Argwohn wahrgenommen. Zum Glück ändert sich das. Das Leben und die Schönheit von Frauen nach der Menopause werden zunehmend gepriesen und in der gleichen Fülle und Komplexität wahrgenommen, wie es bei Männern über 50 schon lange der Fall ist. In vielen Kulturen werden ältere Frauen, ebenso wie ältere Männer, als Quellen der Weisheit verehrt, sie genießen mehr Freiheit, Unabhängigkeit und Selbstbewusstsein als junge Leute.

Losgelöst von den Fesseln ihrer Fruchtbarkeit, können ältere Frauen ebenso sexuell aktiv, attraktiv, interessant und komplex sein wie alle anderen. Trotz ihrer Vorliebe fürs Weben ist auch Ix Chel keine langweilige Göttin, die sich mit ihren Handarbeiten in den Schatten setzt. Sie trägt vielmehr weise und lebhaft zum Leben jüngerer Leute und ihrer Gemein-

* Im Viktorianischen Zeitalter (1837–1901) konnten Frauen, die gegen ihr häusliches Schicksal ankämpften, für geisteskrank erklärt und in einer Anstalt weggesperrt werden – einzig aufgrund der Aussage ihres Ehemannes oder Vaters.

schaft bei. Als selbstbewusste ältere Frau kennt sie Leben und Tod aus nächster Nähe und kann eine wertvolle, neue Sicht auf all das bieten, was uns alltäglich umtreibt. Wenn wir also das nächste Mal die Oma besuchen, werden wir sie als ganzen Menschen wahrnehmen, sie um Rat bitten, ihre Erfahrungen erfragen, ihr ein Schlangenkopftuch kaufen oder einen Rock mit Knochen darauf. Und wir werden uns im Job und in unserem privaten Umfeld erfahrene Mentor*innen suchen, von denen wir lernen können. Wir werden älteren Leuten mit Respekt und Aufmerksamkeit begegnen. Vergessen wir die Silberfüchse, alte Jaguarladys rocken die Welt.

NACHWORT

»Bin ich keine Göttin, und habe ich dich nicht in all deiner Mühsal beschützt?«

Athene zu Odysseus in Homers *Odyssee*

Wir hoffen, euch allen hat unsere Tour zu einigen der herausragendsten Göttinnen der Welt beim Lesen genauso viel Spaß gemacht wie uns beim Schreiben. Diese Unsterblichen haben unsere Neugier geweckt, unsere Synapsen angeregt und mit ihrem göttlichen Glanz unsere Tage erleuchtet. Bei der Recherche sind wir in die entferntesten Ecken der Welt gereist und haben uns angesehen, wie in Mythen und Geschichten immer wieder aktuelle und immerwährende Fragen gestellt werden: zur Rolle der Frauen, zu unseren Hoffnungen, Träumen und zu sozialen Vorurteilen uns gegenüber. Und da manche der Stereotypen, mit denen wir heute noch zu kämpfen haben, auf antike Zeiten zurückgehen, können unsere Göttinnen uns auch einen Fingerzeig in eine neue Richtung geben und uns neue wie auch wichtige Dinge über unsere heutige Zeit erzählen.

Genauso wie die Menschheit schon immer Mythen und Religionen brauchte, um sich diese rätselhafte und brutale Welt zu erklären, können wir die Geschichten der Göttinnen heute nutzen, uns von ihnen leiten lassen und uns von den Einschränkungen, die aus Erwartungen an uns Sterbliche entstehen, befreien.

Wie schon die Autorin und Literaturwissenschaftlerin Patricia Monaghan schrieb: »Die Göttin war nie weg. Es ist nur so, dass einige von uns vergessen haben, wo wir sie finden.« Viele der hier versammelten Göttinnen geben ihren Anhänger*innen noch immer Kraft und leiten sie in den jeweiligen Religionen. Doch auch die entfernteren Göttinnen können uns zur Seite stehen. Vielleicht denken wir zuerst, dass tausende von Jahren alte, überholte Formen der Verehrung uns heute nichts mehr zu sagen haben, doch alle unsere Göttinnen hier sind verdammt zäh. Sie haben sich durch die Epochen hindurch weiterentwickelt und sich den jeweiligen Zeiten angepasst: von Athene und Aphrodite, die in ihren römischen Inkarnationen etwas gesetzter wurden, bis hin zu Pachamama und Pele, die beide von heutigen Aktivist*innen übernommen worden sind.

Beim Besuch dieser sehr antiken Ladys haben wir versucht, uns ihre urtümlichen Kräfte in Erinnerung zu rufen. Wir haben uns gefreut, Göttinnen zu sehen, die Grenzen überschreiten und unerwartet direkt, aus dem Bauch heraus und in, darf man das so sagen?, moderner Weise Respekt einfordern: Denken wir an Freya, die hartnäckig ihrem Halsschmuck hinterhergejagt ist und dafür sämtliche sexuellen Konventionen über den Haufen geworfen hat, oder die Selkie-Frau, die sich den wilden Wellen statt der häuslichen Plackerei verschrieben hat. Oder Baba Jaga, die riesige Mörser und Stößel als originelles Transportmittel benutzt; Inanna, die sich holt, was sie will, oder Blodeuwedd, die das idealisierte Konstrukt, dass Frauen wie Sex-Puppen aussehen sollen, einfach unterläuft und sich nicht kontrollieren lässt. Entgegen unseren Erwartungen (und entgegen der üblichen Darstellungen) ist keine der Göttinnen in diesem Buch ein elfengleiches, ätherisches Wesen. Unsere Unsterblichen sind wild und fantastisch, sie entfalten Gerissenheit und Scharfsinn, um zu bekommen, was sie wollen. Und sie alle setzen gewaltige, spektakuläre und buchstäblich weltbewegende Kräfte frei. Dafür bewundern wir sie.

Zu den Freuden, die das Schreiben an diesem Buch bereithielt, gehörte auch die Entdeckung unerwarteter Verbindungen zwischen Göttinnen, die tausende von Kilometern oder tausende von Jahren voneinander entfernt verehrt wurden. Manche Themen tauchen immer wieder in ihren Geschichten auf. Wer hätte gedacht, dass Schlangen eine so große Rolle spielen? Dass es sowohl im antiken Griechenland wie auch im alten Japan andere Mädels garantiert zum Lachen bringt, die Röcke zu heben? Dass überall so viel über Inzest nachgedacht worden ist? Wir haben auf diesem Weg viele Bäume gesehen, Vögel, Eier, Blut, Gestaltwandlungen, Reisen, geheimes Wissen, sterbende Götter, Frisuren, Tänze, Schmuck, Überschwemmungen und Katzen. Aber vor allem Schlangen. Unheimlich viele Schlangen.

Pachamama, Tiamat und Baba Jagas Schlangenkörper, der Fresser der Wawilak-Schwestern, Ix Chels Schlangenfrisur und der Schild der Athene sind unter den herpetologischen Heldinnen bloß die Schwanzspitze der Python. Es gehören schließlich auch noch die biblische Eva im Garten Eden und ihre biegsame Freundin dazu, die griechische Göttin Hygeia und ihre medizinisch bewanderte Schlangenbegleitung, die chinesische Göttin Nüwa mit dem Schlangenleib, die japanische Drachengöttin des Glücks Benten, die Schlangengöttin Coatlicue der Azteken, die große Python, die in der griechischen Mythologie den Schrein der Erdgöttin Gaia bewachte, die irische Caoránach, die von St. Patrick erlegt wurde, und natürlich die Bildsprache von Taylor Swift. Schlangen werden schon lange als Zeichen der Fruchtbarkeit, Wiedergeburt und Gefahr gesehen. Wie Frauen. In der Wissenschaft gibt es ein paar Theorien darüber, warum Schlangen so beliebt sind: Sie ringeln sich zu Kreisen (wie im berühmten ägyptischen Bildsymbol des Ouroboros) und werfen ihre Haut ab, was auf den Kreislauf von Leben und Tod verweist. Ihre Form ist phallisch und sie verschwinden in Erdlöchern – ein Verweis auf den heterosexuellen Fortpflanzungsakt und damit auf Fruchtbarkeit. Die Allgegenwart der Fruchtbarkeitsthematik in diesen

Erzählungen ist unübersehbar und damit ein weiteres Motiv, das immer wieder auftaucht.

Eine ganze Reihe von Göttinnen ist in irgendeiner Weise mit Fruchtbarkeit oder Mutterschaft verbunden. Das liegt natürlich nahe, weil Schwangerschaft durchaus etwas Frauenspezifisches ist. Wir können uns gut vorstellen, dass sie deshalb eine natürliche Wahl waren, als die Zuständigkeiten unter den Göttern verteilt wurden: »Apollo, ja, du wirst Abteilungsleiter für Musik, Medizin und den ganzen Bildungsbürgerkram. Poseidon, schön, dass wir dich für Meere und Erdbeben an Bord haben, macht es dir was aus, dich auch um Pferde zu kümmern? Prima. Hermes macht die Presse, Hades den Tod ... und Hera, Demeter, Aphrodite, Gaia und Persephone, ihr Mädels kümmert euch um die Fruchtbarkeit, ja? Und du auch, Artemis. Ich weiß, du bist eingefleischte Singlefrau, lebst zölibatär und streifst am liebsten lange und alleine mit deinen Hunden durch die Wälder, aber Geburten fallen trotzdem in deinen Zuständigkeitsbereich.« Eigentlich kommt nur Athene davon.

Wir möchten nicht falsch verstanden werden, Fruchtbarkeit ist ein wunderbarer Verantwortungsbereich: All die schönen Pflanzen und Tiere, der Fortbestand der Menschheit und der gesamte Zyklus von Leben und Tod der Welt basieren darauf. Wir haben auch nichts gegen Nahrungsmittel und Enkelkinder. Aber es kann auf die Dauer für unsere göttlichen Ladys ein bisschen eintönig werden, wenn sie so sehr auf die anatomische Tatsache reduziert werden, dass sie eine Gebärmutter besitzen. Zum Glück gelingt es ihnen, das mit einer bunten Reihe anderer Spezialgebiete zu kombinieren, sodass es nie langweilig wird. Vor allem nicht beim Thema Lebenszyklus, denn es sind nicht selten dieselben Gottheiten, die uns Menschen helfen, mit der Vorstellung vom Tod klarzukommen. Und das sagt auch wieder etwas über viele unserer Göttinnen aus: Sie verbinden Gegensätze, sie lehnen Schwarz-Weiß-Denken ab und mischen Archetypen. Frei von den Regeln für Sterbliche können Göttinnen von männlich zu weiblich gestaltwandeln, sie können Frauen, Männer oder beide lieben, sie dürfen promiskuitiv oder asexuell sein, sie bringen Hoffnung oder Beschwernisse und sowohl Leben wie auch Tod. Auf ihre strahlend göttliche Weise spiegeln sie die Komplexität und die Kontraste, die Hochs und Tiefs unseres menschlichen Lebens wider. Sie sterben vielleicht nicht selbst, doch durch ihre Mühen und Triumphe zeigen sie uns, dass wir das Licht nur dann wirklich würdigen können, wenn wir auch die Dunkelheit kennengelernt haben.

Die dunkle Seite des Lebens sah in den Zeiten, als diese Göttinnen große Berühmtheit erlangten, anders aus als heute. Trotz der Ereignisse der letzten Zeit ist allgemein die Wahrscheinlichkeit, dass wir Opfer unkontrollierbarer Naturkatastrophen, wie sie Pele verkörpert, werden, geringer als zu Zeiten unserer Vorfahren. Zucker, Verkehrsunfälle und Suizid stellen für die meisten Menschen im 21. Jahrhundert eine unmittelbarere Gefahr dar als Krieg und Hunger. Dennoch ist und bleibt die Welt für Menschen ein unsicherer Ort, und wir verstehen, warum diese Göttinnen ihren Verehrer*innen zu einer Zeit Trost und Hoffnung gespendet haben, als Überschwemmungen, Hungersnöte, Kriege und Krankheiten viel häufiger vorkamen als heute. Und nicht nur dass diese Göttinnen uns Erkenntnisse über Leben und Tod vermitteln, es ist auch faszinierend zu sehen, dass sie uns über all die Jahrtausende hinweg noch etwas über Beziehungen, Familie und ein erfülltes Leben beibringen können.

Obwohl wir definitiv nicht die gleichen Erfahrungen gemacht haben, ist es ungeheuer beruhigend zu wissen, dass schon vor 4000 Jahren dieselben Elemente die Hoffnungen und Ängste der Menschen miteinander verbanden. Beaivi spiegelt unseren Kampf um die mentale Gesundheit wider, Inanna unseren Erfolgswillen, Bastet unseren Drang, uns gegenseitig zu unterstützen, Kali unseren Kampf um Selbstbeherrschung, Aphrodite unser Bedürfnis nach Liebe und Verbindung. In Zeiten zunehmender Polarisierung und Spaltung ist es beruhigend, die Mythologie zu betrachten und zu sehen, dass die Menschheit doch so vieles verbindet.

Was uns aber bei den Kulturen, die früher und auch heute noch Göttinnen verehren, am meisten überrascht hat, ist, dass viele im Hinblick auf die Umwelt ihrer Zeit so weit voraus waren. Die alte Spezialisierung auf die Fruchtbarkeit bedeutet nämlich auch, dass viele Göttinnen in diesem Buch in direkter Verbindung mit der Natur stehen, sei es in Form der Erde selbst wie Pachamama, als Wesen des Waldes wie Baba Jaga oder als Tiere wie Epona. Die frühe Verehrung dieser Göttinnen bedeutete unausweichlich Wechselwirkungen mit sowie Respekt und Hochachtung vor der Natur. Diese Erzählungen handeln eher nicht davon, dass der Mensch die Natur beherrscht. Wir denken vielleicht, wir seien gegenüber den historischen Kulturen unserer Göttinnen sehr »fortschrittlich« und »weiterentwickelt«, aber es ist interessant zu beobachten, dass das Pendel offenbar gerade in ihre Richtung zurückschwingt.

Die göttlichen Frauen haben uns nicht nur gelehrt, wie wir als Frauen in einer patriarchalen Welt besser zurechtkommen, sondern auch, wie wir bessere Menschen werden. Ein weiteres Thema, das dieses Buch wie ein roter Faden durchzieht, ist das der Transformation. Unsere Göttinnen beweisen, dass Veränderung nicht nur möglich, sondern unausweichlich ist. Und wir alle haben die Macht, Dinge zum Positiven zu verändern: Wir alle können das Steuer in die richtige Richtung drehen und brauchen dafür nicht einmal übernatürliche Kräfte.

AUSSPRACHEREGISTER

Hier noch ein grober Überblick zur verbreitetsten Aussprache der Namen in diesem Buch.

Amaterasu - Ah-ma-ter-asu
Aphrodite - Afro-*die*-te
Arachne - Ar-*ach*-ne
Ares - *Ar*-es
Artemis - *Ar*-te-miss
Athene - Ath-*ee*-ne
Badbh - Bive
Beaivi - *Bei*-vie
Blodeuwedd - Blo-*die*-weth
Cú Chulainn - Ku-hu-*läin*
Demeter - Dem-*eet*-er
Dionysos - Die-oni-sos
Dumuzi - Du-*muh*-sie
Epona - E-*poh*-na
Ereshkigal - E-*resh*-ki-gahl
Freyja - *Frei*-ja
Gilfaethwy - Gil-*fied*-wie
Gronw Pebr - *Gron*-u Pebr
Gwydion - *Gwid*-jon
Gwynedd - *Gwin*-ed
Hephaestus - Hef-*eis*-tuss

Hera – *Heh-ra*
Hi‘iaka – Hie-ie-ah-ka
Inanna – In-*nah*-nah
Ix Chel – Iesh-*tschel*
Kali – Kah-*lie*
Kamapua‘a – Kah-mah-puh-ah-ah
Lakshmi – *Lahk*-schmie
Macha – *Ma*-tscha
Mazu – Mah-zuh
Medb – Meiv
Morrígan – *Mor*-ie-gan
Nemain – *Ne*-vin
Olodumare – Ollo-duh-*mahr*-ei
Orisha – Oh-*rie*-sha
Oshun – Oh-schuhn
Pachamama – *Pah*-tscha-ma-ma
Pele – *Peh*-leh
Poseidon – Po-sei-don
Pryderi – Pri-*där*-ie
Pwyll – Pwild
Sekhmet – Seck-met
Tlaltecuhtli – Tlal-tej-*cuht*-lie
Tyche – *Tei*-kie
Uzume – Uh-suh-meh
Yurlunggur – *Jur*-lun-ger
Zeus – Tseuss

QUELLENANGABEN

ALLGEMEIN

Karen Armstrong: *Eine kurze Geschichte des Mythos* (dtv Literatur), 2007
Pat Barker: *Die Stille der Frauen* (Lago), 2020
Mary Beard: *Frauen und Macht: Ein Manifest* (S. Fischer), 2018
Elisabeth Benard, Beverly Moon (Hrsg.): *Goddesses Who Rule* (Oxford University Press), 2000
Sandra Billington, Miranda Green: *The Concept of the Goddess* (Routledge), 1996
Jean Shinoda Bolen: *Göttinnen in jeder Frau: Psychologie einer neuen Weiblichkeit* (Ullstein Taschenbuch), 2004
G. G. Bolich: *Conversing on Gender* (Psyche's Press), 2007
Grace Varada Brandmaier: *Patriarchy and the Power of Myth: Exploring the Significance of a Matriarchal Prehistory* (Bard College), 2015
Thomas Bulfinch: *Myths of Greece and Rome* (Viking), 1979
Joseph Campbell: *Goddesses: Mysteries of the Feminine Divine* (New World Library), 2013
Jane Caputi: *Goddesses and Monsters: Women, Myth, Power, and Popular Culture* (University of Wisconsin Press), 2004
Soraya Chemaly: *Speak out! Die Kraft weiblicher Wut* (suhrkamp nova), 2020
Randy P. Conner, David Hatfield Sparks, Mariya Sparks: *Cassell's Encyclopedia of Queer Myth, Symbol, and Spirit: Gay, Lesbian, Bisexual, and Transgender Lore* (Cassell), 1997

Linda Foubister: *Goddess in the Grass: Serpentine Mythology and the Great Goddess* (Spirrea Publishing), 2011
Carolyne Larrington: *The Woman's Companion to Mythology* (Pandora), 1992
David Leeming: *The Oxford Companion to World Mythology* (Oxford University Press), 2009
Emma Mildon: *Evolution of Goddess: A Modern Girl's Guide to Activating Your Feminine Superpowers* (Atria), 2018
Madeline Miller: *Ich bin Circe* (Eisele Verlag), 2020
Patricia Monaghan: *Lexikon der Göttinnen* (O.W. Barth), 1997
Patricia Monaghan (Hrsg.): *Goddesses in World Culture, Vol. 1: Asia and Africa* (Praeger), 2010
Patricia Monaghan: *Encyclopedia of Goddesses and Heroines* (New World Library), 2010, 2014
Lotte Motz: *The Faces of the Goddess* (Oxford University Press), 1997
Sara Pascoe: *Animal* (Faber), 2019
Annis Pratt: *Dancing with Goddesses: Archetypes, Poetry and Empowerment* (Indiana University Press), 1994
Ann Shen: *Legendary Ladies: Fifty Goddesses to Empower and Inspire You* (Chronicle), 2018
Drake Bear Stephen: »Soul Sex: Queer and Androgynous Deities«, in: *Soul Sex: The Alchemy of Gender and Sexuality* (Wisdom Weaver Press), 2015
Roy Willis (Hrsg.): *World Mythology: The Illustrated Guide* (Duncan Baird), 1993

APHRODITE

Nora Clark: *Aphrodite and Venus in Myth and Mimesis* (Cambridge Scholars Publishing), 2015

Monica S. Cyrino: *Aphrodite, Gods and Heroes of the Ancient World* (Routledge), 2010

William P. Harman: *The Sacred Marriage of a Hindu Goddess* (Indiana University Press), 1989

Sarah B. Pomeroy: *Goddesses, Whores, Wives and Slaves: Women in Classical Antiquity* (Bodley Head), 1975, 2015

Amy Claire Smith, Sadie Pickup (Hrsg.): *Brill's Companion to Aphrodite* (Brill), 2010

ATHENE

Sophia McDougall: »I Hate Strong Female Characters«, in: *New Statesman*, 15. August 2013

Theoi Project, www.theoi.com

BABA JAGA

Clarissa Pinkola Estés: *Die Wolfsfrau: Die Kraft der weiblichen Urinstinkte* (Heyne), 2022

Sibelan Forrester, Helena Goscilo, Martin Skoro (Hrsg.): *Baba Yaga, The Wild Witch of the East in Russian Fairy Tales* (University Press of Mississippi), 2013

BASTET

Sofia Aziz: »Sekhmet: Patron Goddess of Healers and Physicians«, in: *Nile Magazine*, Dezember 2017–Januar 2018

George Hart: *The Routledge Dictionary of Egyptian Gods and Goddesses* (Routledge), 2005

James MacDonald: »Why Ancient Egyptians Loved Cats So Much«, in: *JSTOR Daily*, 27. November 2018

BEAIVI

Emilie Demant Hatt: *By the Fire: Sami Folktales and Legends* (University of Minnesota Press), 2019

Alan Ivvár Holloway: »The Decline of the Sámi People's Indigenous Religion« (University of Texas at Austin)

BLODEUWEDD

The Mabinogion, übersetzt von Lady Charlotte Guest (Tonn Press and Longmans), 1849

EPONA

Katheryn M. Linduff: »Epona: A Celt Among the Romans«, in: *Latomus*, vol. 38, 1979

Alice Roberts: *The Celts* (Heron), 2015

www.epona.net

FORTUNA

Jesse Benedict Carter: »The Cognomina of the Goddess ›Fortuna‹«, in: *Transactions and Proceedings of the American Philological Association*, vol. 31, 1900

Daniele Miano: *Fortuna: Deity and Concept in Archaic and Republican Italy* (Oxford University Press), 2018

Howard Rollin Patch: *The Tradition of the Goddess Fortuna in Roman Literature and in the Transitional Period* (College Studies in Modern Languages), 1922

FREIJA

Neil Gaiman: *Nordische Mythen und Sagen* (Eichborn), 2019

Patricia M. Lafayllve: *Freyja, Lady, Vanadis: An Introduction to the Goddess* (Outskirts Press), 2006

GRÜNE TARA

Steve Hagen: *Buddhism Plain and Simple* (Penguin), 1992

Lama Zopa Rinpoche: *A Short Practice of Green Tara* (FMPT), 2000

INANNA

Stephanie Dalley: *Myths from Mesopotamia: Creation, The Flood, Gilgamesh and Others* (Oxford World Classics), 2008

Diane Wolkstein, Samuel Noah Kramer: *Inanna: Queen of Heaven and Earth* (HarperCollins), 1983

IX CHEL

Traci Ardren: *Ancient Maya Women* (Altamira), 2002
K. Kris Hirst: »Ix Chel: Mayan Goddess(es) of the Moon, Fertility and Death«, in: *ThoughtCo*, 22. Februar 2019
Susan Milbrath: *Star Gods of the Maya: Astronomy in Art, Folklore, and Calendars* (University of Texas Press), 1999
Merideth Paxton: *The Cosmos of the Yucatec Maya: Cycles and Steps from the Madrid Codex* (UNM Press), 2001
Jon Richards and Jonathan Vipond: *History in Infographics: The Mayans* (Wayland), 2016
Karl Taube: »The Major Gods of Ancient Yucatan«, in: *Studies in PreColumbian Art and Archaeology* no. 32, 1992
Karl Taube: »The Birth Vase: Natal Imagery in Ancient Maya Myth and Ritual«, in: Justin Kerr (Hrsg.): *The Maya Vase Book (Kerr* Associates), 1994

KALI

Rachel Fell McDermott, Jeffrey J. Kripal (Hrsg.): *Encountering Kali: In the Margins, at the Center, in the West* (Motilal Banarsidass), 2005
Ajit Mookerjee: *Kali: The Feminine Force* (Thames and Hudson), 1988

LILITH

Siegmund Hurwitz: *Lilith – Die erste Eva: Eine historische und psychologische Studie über dunkle Aspekte des Weiblichen* (Daimon Verlag), 2010
Judith Plaskow: *The Coming of Lilith: Essays on Feminism, Judaism and Sexual Ethics, 1973–2003* (Beacon Press), 2005

MAZU

Pamela J. Stewart, Andrew Strathern: »Growth of the Mazu Complex in Cross-Straits Contexts«, in: *Journal of Ritual Studies*, vol. 23, no. 1, 2009

THE MORRIGAN

The CattleRaid of Cualnge (*Táin Bó Cuailnge*), übersetzt von L. Winifred Faraday, (David Nutt), 1904

Miranda Aldhouse-Green: *The Celtic Myths: A Guide to the Ancient Gods and Legends* (Thames and Hudson), 2015

Angelique Gulermovich Epstein: »War Goddess: The Morrígan and Her Germano-Celtic Counterparts«, Doktorarbeit (University of California), 1998

Vernam Hull (Hrsg.): »Noínden Ulad: The Story of Macha«, übersetzt von Isolde Carmody, in: *Celtica*, vol. 8, 1968

OSHUN

Kola Abimbola: *Yoruba Culture: A Philosophical Account* (Iroko Academic Publishers), 2005

Randy P. Conner, David Hatfield Sparks: *Queering Creole Spiritual Traditions: Lesbian, Gay, Bisexual, and Transgender Participation in African-Inspired Traditions in the Americas* (Harrington Park Press), 2004

Joseph M. Murphy, Mei-Mei Sanford; *Osun Across the Waters: A Yoruba Goddess in Africa and the Americas* (Indiana University Press), 2001

Yemi D. Ogunyemi: »The Philosophy of the Yoruba«, in: *Britannica Online*, 2015

Jacob K. Olupona: *African Religions: A Very Short Introduction* (Oxford University Press), 2014

Benjamin E. Zeller, Marie W. Dallam, Reid L. Neilson, Nora L. Rubel (Hrsg.): *Religion, Food, and Eating in North America* (Columbia University Press), 2014

PACHAMAMA

J. Chavez-Cuellar: »Peru, Pachamama and Anthropological Functionalism«, unveröffentlichter Aufsatz (Biola University), 2018

Amadeo F. D'Adamo, Jr., Elaine Hoffman Baruch: »Whither the Womb? Myths, Machines, and Mothers«, in: *Frontiers: A Journal of Women Studies*, vol. 9, no. 1, 1986

Miriam Tola: »Between Pachamama and Mother Earth: Gender, Political Ontology and the Rights of Nature in Contemporary Bolivia«, in: *Feminist Review*, vol. 118, 2018

Lynette Yetter: »Virgin Mary/Pachamama Syncretism: The Divine Feminine in Early-Colonial Copacabana«, in: *Western Tributaries*, vol. 4, 2017

PELE

Nathaniel B. Emerson: *Pele and Hiiaka: A Myth from Hawaii* (Charles E. Tuttle), 1978

Valerie Estelle Frankel: *From Girl to Goddess: The Heroine's Journey through Myth and Legend* (McFarland and Co.), 2010

RANGDA

I. Wayan Dibia, Runcina Ballinger et al.: *Balinese Dance, Drama and Music: A Guide to the Performing Arts of Bali* (Periplus Editions), 2005
Claire Fossey: *Rangda: Bali's Queen of the Witches* (White Lotus), 2008

SEDNA

Franz Boas: *The Central Eskimo* (Sixth Annual Report of the Smithsonian Bureau of Ethnology), 1888
Bernadette Driscoll Engelstad, William W. Fitzhugh: *Arctic Journeys, Ancient Memories: Sculpture by Abraham Anghik Ruben* (Smithsonian Arctic Studies Center), 2012
John F. Fisher: »An Analysis of the Central Eskimo Sedna Myth«, in: *Temenos*, vol. 11, 1975
James Houston: »The Goddess of the Sea: The Story of Sedna«, in: *Canadian Encyclopedia*, 2015
Åke Hultkrantz: *Belief and Worship in Native North America* (Syracuse University Press), 1981
Peter Irniq: »The Story of Nuliajuk« (Canadian Museum of History), www.historymuseum.ca/history-hall/origins
Daniel Merkur: »Breath-Soul and Wind Owner: The Many and the One in Inuit Religion«, in: *American Indian Quarterly*, vol. 7, 1983
Victoria Nolte: »The Feminist Sedna: Representing the Sea Woman in Contemporary Inuit Art«, in: *Aboriginate*, März 2015
Penny Petrone (Hrsg.): *Northern Voices: Inuit Writing in English* (University of Toronto Press), 1988
Harold Seidelman, James Turner: *The Inuit Imagination* (Thames and Hudson), 1994

Nelda Swinton: »The Inuit Sea Goddess«, Masterarbeit (Concordia University), 1985

H. Newell Wardle: »The Sedna Cycle: A Study in Myth Evolution«, in: *American Anthropologist*, n.s., vol. 2, 1900

Rose Weitz: »Women and Their Hair: Seeking Power Through Resistance and Accommodation«, in: *Gender and Society*, vol. 15, 2001

SELKIE-FRAU

Walter Traill Dennison: *Orkney Folklore and Sea Legends* (Orkney Press), 1995

TANIT

George Rawlinson: *History of the Phoenician Civilisation* (e-artnow), 2018

J. H. Schwartz, F. D Houghton, L. Bondioli, R. Macchiarelli: *Two Tales of One City: Data, Inference and Carthaginian Infant Sacrifice* (Cambridge University Press), 2017

UZUME

J. B. Evans, J. E. Slaughter, A. P. J. Ellis, J. M. Rivin: »Gender and the Evaluation of Humor at Work«, in: *Journal of Applied Psychology*, vol. 104, no. 8, 2019

Jonathan Evans, Jerel Slaughter, Aleksander Ellis, Jessi Rivin: »Making Jokes During a Presentation Helps Men but Hurts Women«, in: *Harvard Business Review*, 11. März 2019

J. Hooper, D. Sharpe, S. G. B. Roberts: »Are Men Funnier than Women, or Do We Just Think They Are?«, in: *Translational Issues in Psychological Science*, vol. 2, no. 1, 2016

WAWILAK-SCHWESTERN

Munya Andrews: *Journey into Dreamtime* (Ultimate World Publishing), 2019

Jeremy Beckett: »Aboriginal Histories, Aboriginal Myths: An Introduction«, in: *Oceania*, vol. 65, 1994

Ronald M. Berndt, Robert Tonkinson: »Australian Aboriginal Peoples«, in: *Britannica Online*, 2008

James Cowan: *Offenbarungen aus der Traumzeit. Das spirituelle Wissen der Aborigenes* (Lüchow), 2004

Chris Knight: »Menstruation and the Origins of Culture: A Reconsideration of Levi-Strauss's Work on Symbolism and Myth«, Doktorarbeit (University College London), 1987

Chris Knight: »Levi-Strauss and the Dragon: *Mythologiques* Reconsidered in the Light of an Australian Aboriginal Myth«, in: *Man*, n.s., vol. 18, no. 1, 1983

R. Layton: »Myth as Language in Aboriginal Arnhem Land«, in: *Man*, n.s., vol. 5, no. 3, 1970

Robert Lewis: »Dust Echoes: The Wagalak Sisters«, in: *Australian Teachers of Media*, 2007

Mudrooroo: *Aboriginal Mythology, An A–Z Spanning the History of Aboriginal Mythology from the Earliest Legends to the Present Day* (HarperCollins), 1994

Muswellbrook Shire Council: »Working with Indigenous Australians«, (www.WorkingwithIndigenousAustralians.info)

Bruce Pascoe: *The Little Red Yellow Black Book: An Introduction to Indigenous Australia* (Australian Institute of Aboriginal and Torres Strait Islander Studies), 2012

Dermot Smyth: *Understanding Country: The Importance of Land and Sea in Aboriginal and Torres Strait Islander Societies* (Council for Aboriginal Reconciliation), 1994

Tony Swain: *A Place for Strangers: Towards a History of Australian Aboriginal Being* (Cambridge University Press), 1993
W. Lloyd Warner: »The Myth of the Wawilak Women«, in: *A Black Civilization: A Social Study of an Australian Tribe* (Harper), 1957

WHITE BUFFALO CALF WOMAN

Akta Lakota Museum and Cultural Center: »Lakota Culture«, (aktalakota.stjo.org)
Chief Arvol Looking Horse: »Important Message from Keeper of Sacred White Buffalo Calf Pipe«, in: *Indian Country Today*, 2017
Lame Deer, Richard Erdoes: *Lame Deer, Seeker of Visions* (Simon and Schuster), 1994
John Lame Deer: »White Buffalo Calf Woman« (National Museum of the American Indian), 1967
Robin S. Dillon: »Respect«, in: *Stanford Encyclopedia of Philosophy*, 2018
George A. Dorsey: »Legend of the Teton Sioux Medicine Pipe«, in: *Journal of American Folklore*, vol. 19, 1906
»Framework for Essential Understandings about American Indians«, in: *Native Knowledge 360 °*, (Smithsonian National Museum of the American Indian), 2013
Paul Goble: *The Legend of White Buffalo Calf Woman* (National Geographic), 1998
(Tina) Theresa Hannah-Munns: »The Lakota White Buffalo Calf Woman Narrative: A Cross-Literary Analysis«, in: *Fourth Annual Research in Religious Studies Conference* (University of Lethbridge), 2005
Donald A. Grinde Jr.: *Teaching American Indian History: A Native American Voice, Perspectives on History* (American Historical Association), 1994
Susan Hazen-Hammond: *Spider Woman's Web: Traditional Native American Tales About Women's Power* (Berkeley), 1999

Marie Annette Jaimes: »Towards a New Image of American Indian Women: The Renewing Power of the Feminine«, in: *Journal of American Indian Education*, vol. 22, 1982

David M. Jones, Brian L. Molyneaux: *Mythologie der neuen Welt: Die Enzyklopädie der Mythen in Nord-, Meso- und Südamerika* (Edition XXL), 2002

Karl Kroeber (Hrsg.): *Native American Storytelling: A Reader of Myths and Legends* (Blackwell), 2004

Jon E. Lewis (Hrsg.): *Native American Myths and Legends* (Constable and Robinson), 2013

Patricia Ann Lynch, Jeremy Roberts: *Native American Mythology A to Z* (Chelsea House), 2010

Richard Owens: »The Mythological Role of Gender Ideologies: A Cross-cultural Sample of Traditional Cultures«, in: *Nebraska Anthropologist*, vol. 17, 2002

Elizabeth Prine Pauls: »Native American History«, in: *Britannica Online*, 2008

Elizabeth Prine Pauls: »Plains Indians«, in: *Britannica Online*, 2008

Barry M. Pritzker: *A Native American Encyclopedia: History, Culture, and Peoples* (Oxford University Press), 2000

Sharon J. Ridgeway, Peter J. Jacques: *Power of the Talking Stick: Indigenous Politics and the World Ecological Crisis* (Routledge), 2014

Sunmin Park, Nobuko Hongu, James W. Daily III: Native American Foods: »History, Culture and Influence on Modern Diets«, in Journal *of Ethnic Foods*, vol. 3, issue 3, September 2016

Reclaiming Native Truth: Changing the Narrative about Native Americans: A Guide for Allies (Echo Hawk Consulting and the First Nations Development Institute), 2018

DANKSAGUNG

Unser größter Dank geht an alle im Verlag Faber & Faber, die mit uns an diesem Buch gearbeitet haben ebenso wie an unserem vorherigen Werk *Was würde Frida tun?*: Laura, Louisa, Lizzie, Lauren, Niriksha, Camille, Emma, Camilla, Hattie, Hannah, Ella, Pedro, Donna, Paddy, Dave, Kate, Sam, Ian, Ruth, Alex und Stephen. Wir danken auch Sara Adams und wie immer Oliver, Iris, Lola, Jeanie Bebb und Jack, Joseph, Barney und Leo Murphy.

Ein besonderer Dank gebührt unseren Lehrer*innen, Freund*innen und Kolleg*innen, die uns bei der Arbeit an diesem Buch inspiriert haben, ebenso wie allen, die zu unseren Lesungen gekommen, uns angesprochen oder eine nette Rezension über *Frida*, einen lustigen Tweet oder eine Mail geschrieben haben. Wir hoffen, dass allen dieses Buch genauso gut gefällt.